스트레스 뒤에도 삶이 있을까?
IS THERE *Life* After Stress?

IS THERE LIFE AFTER STRESS?
by James W. Moore

Copyright © 1992 by Dimensions for Living
Nashville, Tennessee USA
All rights reserved.

Translation rights © 2005 The KMC Press, Seoul, Korea
This edition is published by arrangement with Dimensions for Living

이 책의 한국어판 저작권은 미국의 Dimensions for Living과의 계약으로
도서출판 KMC에 있습니다.
저작권법에 의해 대한민국 안에서 보호를 받는 저작물이므로
허락 없이 복사, 인용, 전재하는 것을 금합니다.

IS THERE *Life* After STRESS?
스트레스 뒤에도 삶이 있을까?

제임스 무어 지음 | 이면주 옮김

kmc

"하나님은 깊숙이 뿌리박고 있는 스트레스보다
더 깊은 곳에서 나와 함께 계시다는 것을
끊임없이 일깨워준 나의 가족과, 교인들,
그리고 각별한 친구들에게"

 서문

스트레스 뒤에도 삶이 있을까?

"스트레스 뒤에도 삶이 있을까?" 이런 질문은 하나마나가 아닐까. 우리는 스트레스가 가득한 세상, 불안하고 어지러운 세상에 살고 있으니 그 속에서 살면서 그저 스트레스에 적절히 대응하는 법을 배우든지 아니면 그냥 그 상처로 인해 찢겨질 뿐이다. 누구에게도 면역이란 있을 수 없다. 스트레스는 사람들을 존중하지 않으며, 여러 가지 방법으로 모든 사람들의 삶을 뒤흔든다.

때때로 우리는 울타리 너머 남의 집 마당의 잔디가 더 푸르다고 생각한다. 다른 사람들은 별 문제나 걱정거리 없이 순탄하게 살아가는 것처럼 보이는 탓에 자주 나보다는 다른 사람들의 인생행로가 더 편하다고 생각한다. 남들은 문제에서 해방되어 그렇게 편해 보이는 반면 세상의 긴장과 압력이 나만을 갈기갈기 찢는 것처럼 보인다. 스트레스가 더 심한 순간에 처하면 우리는 나보다 나아 보이는 그들과 상황을 바꾸어 봤으면 하고 기대한다.

그러나 그런 것들은 동전의 다른 면에 불과하다는 사실을 인상적으로 보여주는 위대한 시인 에드윈 로빈슨(Edwin A. Robinson)의 시가 있다 :

리처드 코리가 마을로 내려올 때면
길에 있던 우리 모두는 바라보았지.
밑바닥에서부터 상류에 오른
아주 호의적이고, 위엄 있게 날씬한 그를.

항상 조용한 모습을 지닌 그가
말을 할 때면 언제나 인간미가 있었지.
그러나 그가 '안녕하세요' 하고
말할 때면 가슴은 뛰었고
걸어갈 때는 화려하기도 했지.

게다가 그는 부자, 정말 임금보다 더할 만큼 부자인데다
학교공부도 훌륭하게 잘 마쳤거든.
더할 나위 없이 그는
우리가 바라는 모든 것이었다네.

그런 기대 속에서 우리는 일했고, 서광이 비추길 기다렸고,
고기도 없이 살면서, 빵을 탓하기도 했었지.
그런데 리처드 코리는 어느 여름 고요한 밤
집에 돌아와서 자기 머리에 총을 쏘았다네.

쉬운 마음으로 들을 만한 시는 아니다! 이 시는 아주 도식적이면서 흥미롭고, 충격적이면서 놀랍고, 강렬하면서 고통스럽다. 그러나 분명한 것은 시인이, 리처드 코리가 갖추고 있는 모든 것이 우리의 주의를

끄는 것들이라고 생각하였다는 점이다.

시인이 말해 주고 있는 것은 분명하다 : 사람은 누구나 스트레스에 눌려 고통스러워하며, 어디에 살건 도전에 직면하여 마음의 아픔을 겪고, 그리고 우리 모두는, 심지어 리처드 코리 같은 사람까지도 감당하기 어려운 짐을 지고 살아간다.

브로드웨이에서 공연되었던 뮤지컬 '애니(Annie)'에 나오는 어린 고아 소녀들이 말하는 '거칠게 두드리는 삶'이란 표현은 맞는 말이다. 언제, 어디서든, 우리가 전혀 생각하지 못한 순간에도 스트레스와 고통은 고개를 바짝 들고 우리의 삶 속에 폭발적으로 침투할 것이다.

시편 기자는, "나는 악을 만나지 않을 것이다."라고 말하지 않고 "나는 악을 두려워하지 않을 것이다."라고 말했다. 우리도 '고통이 내게 들이닥칠 것인가'라고 물어서는 안 된다. 고통이 찾아오리라는 것은 이미 알고 있다. 그러므로 질문은 '내가 스트레스와 고통의 골짜기를 지날 때 어떻게 대응하여야 할까'가 되어야 한다.

스트레스와 맞서는 것만으로는 충분하지 않다. 스트레스를 참고 견디는 것도 충분하지 않다. 기독교적인 방법은 스트레스를 긍정적으로 받아들이고, 그것으로 승리하며, 그것이 우리를 대적하는 것이 아니라 우리를 위해 작용하도록 만드는 것이다.

크리스쳔으로서 우리는 스트레스를, 문제들을, 마음 상하게 하는 것들을, 도전들을, 실망스런 일들을, 깨어진 꿈들을…… 어떻게 다루어야 할까.

- 필사적으로 찾아보았으나 구하지 못한 직업
- 간절히 기다렸으나 다 틀려버린 봉급 인상

- 마땅히 내 차지가 되어야 하지만 사라져버린 승진
- 시들시들하다가 마음에 상처만 남긴 사랑
- 전망이 밝다가 그대로 곤두박질하고 만 사업
- 말썽만 안겨주는 자녀
- 꼬여버린 다른 사람과의 관계
- 결혼과 가정생활의 문제

질병, 외로움, 난처한 윤리적 판단문제, 재정적인 문제, 악의 가득한 험담, 직업상의 압박감, 마감 독촉, 사랑하는 사람의 죽음 – 이 같은 스트레스성의 절망적 요소와 무거운 짐들을 어떻게 창조적으로 다룰 수 있을까? 삶이 우리를 사방팔방으로 잡아끌 때, 그리고 세상이 우리를 기진맥진하게 만들 때 우리는 무엇을 할 수 있을까?

앞서 리처드 코리가 취한 태도가 대답이 될 수 없는 것은 분명하다. 그러면 크리스천인 우리는 고통스런 일들에 어떻게 대응할 수 있을까? 스트레스에 시달린 뒤에도 삶이 존재할까? 기독교는 이에 대해 확실하게 말할 수 있다. 우리 믿음의 진정한 상징이 바로 십자가이기 때문이다. 그런 점에서 몇 가지를 생각해 보자.

1 우리가 겪는 고통 중 어떤 것은 '정체 모를 두려움'일 뿐 그 이상은 아니다.

고통에 대한 두려움은 고통 그 자체보다 더 파괴적일 수 있다. 사람들은 스스로를 신경쇠약에 몰아넣는 일은 거의 안 한다. 단지 그 속으로 빠져드는 걱정을 할 뿐이다. 마크 트웨인(Mark Twain)이 그것을 어떻게 처리했는지 생각해 보라. "지난 수년간, 나는 많은 것들을 걱정했지만 그 중 대부분은 실제로 일어나지 않았다." 사실 우리가 겪는 고통은 대부분 우리 스스로 만들고 가져오는 것이다. 위대한 교육학자인 윌리엄 제임스(William James)는 우리들이 겪는 아픔의 85퍼센트는 자기 유발적이라고 지적하였다.

「안네 프랑크의 일기」에는 이런 대목이 있다. 안네와 다른 여덟 명의 유대인들은 나치의 박해를 피해 몇 달 동안 숨어 지내고 있었는데, 여러 사람이 한 곳에 갇힌 채 다닥다닥 붙어 지내야만 하는 생활에 돌연히 중압감을 느끼게 되자 심각한 다툼이 일기 시작했다. 오랫동안 짓눌렸던 분노 탓에 험한 말로 서로를 공격하게 된 것이다.

그때 안네의 아버지는, "우리가 계속 이런 방식으로 살아가면 나치가 우리를 멸망시킬 필요도 없이 우리 스스로 파멸할 것입니다." 하고 말했다.

그 말이야말로 우리들에게도 아주 적절한 경고가 아닐까. 아주 진지하게 받아들여야 할 그런 경고 말이다. 진짜 삶의 과제들은 스스로 부정하기 어려울 정도로 자주 우리 안에서, 밖의 어디에서가 아니라 우리의 마음과 영혼, 그 안에서 결정된다. 우리 안에서 작용하는 압박은 외부적인 것이 아니다. 우리는 그것들을 놀랍게도 잘 다룬다. 우리를 망치는 것은 우리 안에 있는 문제들이다. 해리 포스딕(Harry E. Fosdick)이 그의 책 「열두 가지 성격 테스트」에서 잘 밝혀준 내용들을 보자.

대부분의 사람들이 경험하는 파멸의 근원은 곧 그 자신들이다. 이 같은 사실을 일깨워주는 것이 바로 셰익스피어가 지닌 극작가로서의 위대한 요소 중 하나다. 그의 작품에 비길 만한 비극이 없는 까닭은 작품 속에

드러난 그의 견해 때문이다. 그는 인생의 진정한 비극은 바로 우리 자신 안에 있다고 보았다. 옛 그리스의 극작가들은 고통 속에서 희생당하는 자들을 파멸에 빠뜨리는 원인을 여러 신들과 인간의 운명을 지배하는 신비의 우주적 존재라고 보았지만 셰익스피어는 그 고통과의 싸움터를 인간 영혼으로 바꾸어 놓았다.

'친애하는 브루터스여, 잘못은 우리 별들에 있는 것이 아니라
우리들을 졸개로 부리고 있는 우리 자신 안에 있네.'
햄릿은 머뭇거리며 놀라고 우유부단한 그의 영혼과 씨름하고, 맥베드는 자신 속의 야망과 연민, 그리고 오셀로는 자기 속에 있는 탐욕스러운 질투와 씨름한다. 셰익스피어의 비극 작품들 속에 있는 가장 큰 특징은 모두가 그들 자신의 영혼에게 앙갚음을 하는 것이다.

그들이 겪은 대부분의 고통은 그들 스스로 만든 것이있다. 그 고동은 스스로 만들어낸 형체도 없는 두려움에 의해 생긴 것인데, 우리 모두가 그렇다.

바로 여기가 믿음이 나오는 곳이다. 하나님이 우리와 함께 계시며, 사랑하시며, 결코 우리를 버려두거나 외면하지 않으시며, 우리를 끝까지 돌보실 것이라는 깊은 깨달음만큼 두려움을 극복하게 하는 것은 없다. 시편 기자가 "내가 비록 죽음의 그늘 골짜기로 다닐지라도, 주님께서 나와 함께 계시고, 주님의 막대기와 지팡이로 나를 보살펴주시니, 내게는 두려움이 없습니다.(시 23:4)" 한 것은 바로 이 같은 의미다.

이것은 사도 바울이 "나에게 능력을 주시는 분 안에서, 나는 모든 것을 할 수 있습니다.(빌 4:13)"라고 말하면서 강조한 것이기도 하다.

당신은 같은 뜻으로 그렇게 말할 수 있는가? "나는 두려워하거나

걱정하지 않고, 내게 능력을 주시는 그리스도를 통해서 무엇이든지 할 준비가 되어 있다."고 말할 수 있는가?

　이 같은 믿음, 하나님께서 삶 속에 임재하시며 끊임없이 돌보신다는 강한 의식이 뒷받침될 때, 우리는 형체도 없는 두려움에서 해방되어 우리의 문제들을 창조적으로 더 잘 대할 수 있다.

2 우리가 겪는 고통이나 스트레스가 때로는 좋게 사용될 수도 있다.

　문제를 기회로 바꾸라는 말은 모든 기독교인들이 받은 소명이다. 내가 만약 스트레스에 짓눌리지 않았다면 설교 작성을 하지 못한 채 물리치거나 미루었을 것이다. 그 스트레스는 내 친구였다. 부서지듯 긴장의 때가 찾아오면 그것은 프로그램에 주목하라는 신호다. 스트레스를 긍정적으로 받아들이고, 그것을 이용하며, 창조적인 행동의 자극제로 삼는 것, 그것이 바로 크리스천의 삶의 열쇠다.

　여러 해 전, 허버트 험프리(Hubert Humphrey) 상원의원이 선거유세를 하고 있었는데 군중 가운데서 야유하던 한 사람이 그에게 너무 익어 물컹물컹한 토마토를 던졌다. 순간 청중은 쥐죽은 듯 고요해졌지만 험프리는 끄떡도 하지 않은 채 멋지게 응수했다. 재빨리 옷에 묻은 토마토 찌꺼기를 닦은 후 "이제 농사문제를 이야기하지요······." 하면서 말을 이어가자 청중이 일어나 우레 같은 박수를 치며 찬사를 보냈다. 연설을 중단할 수도 있었지만 그렇게 하는 대신 그는 짜증나는 순간을 재치있게 받아들였다.

　이것이 난국에 대처하는 방법이며, 크리스천인 우리들은 바로 그렇게 하도록 부름 받은 것이다. 고통이 닥쳐오면 우리는 소박하게 대처하고 그것을 승리로 바꿔야 한다.

예수야말로 이 일에 전문가였다. 그는 단지 고통을 견디거나 분노하지 않았다. 그저 참거나 묵인하지도, 그렇다고 회피하지도 않았다. 그는 용감하고 믿음직스럽게 고통을 직면하고 그것을 긍정적으로 받아들였고 나아가 생산적이며 창조적으로 활용하였다. 예수께서 군중을 가르치는 중에 한 사람이 끼어들어 예수를 함정에 빠뜨릴 생각으로 교활한 질문을 던졌던 사건을 예로 들어보자. 아주 성가신 상황이었지만 예수께서는 그 문제를 기회로 바꾸었다. 바로 그 질문을 그의 위대한 비유 중의 하나인 사마리아인 이야기를 전하는 호기로 이용한 것이다.

이런 각도에서 십자가를 생각해 보면, 예수께서는 그 험악한 공포 상황을 하나님의 위대한 메시지를 세상에 선포하는 기회로 바꾼 것이다. 우리가 겪는 고통 중 어떤 것들은 정체불명의 두려움에 불과하며, 어떤 것들은 긍정적으로 받아들여 선한 목적으로 활용할 수 있다.

3 우리가 겪는 고통 중 어떤 것들은 하나님께 맡겨야 한다.

우리가 겪는 고통 가운데 어떤 것은 아주 크고, 넘칠 정도여서 우리가 할 수 있는 것이라곤 그 모든 것을 하나님께 돌리는 것뿐이다. 시편 23편은 바로 그런 복음이다. 주님은 우리의 목자시다. 그분은 그의 우리 안에 있는 모든 양떼를 끊임없이 보호하며 돌보신다. 우리는 어떤 위험 속에서도 그분이 우리를 지키시고 돌보시도록 그분을 의지할 수 있다.

아더 슐츠(Arthur F. Sueltz)가 지은 「가까운 곳에 있는 삶」이란 책에는 병원 진료실 앞의 많은 대기자들 틈에서 여섯 살짜리 아들과 어머니가 대화하는 장면이 나온다. 차례를 기다리는 동안 이 꼬마가 갖가지 질문을 엄마에게 던진다 : "왜 잔디는 초록색이야? 왜 하늘은 파랗지? 물은 뭐야, 엄마? 왜 우리는 피부가 있지? 새는 어떻게 해서 날지?" 30분 동안 이 꼬마는 인류에게 알려진 주제의 대부분에 대해 잘도 물었다. 어머니는 각각의 질문에 대해 조심스럽게 잘 참아가며 대답을 해주었으므로 대기실에 있던 다른 사람들 모두가 경탄할 정도였다.

지칠 줄 모른 채 '어떻게, 왜, 무엇을' 하는 식으로 물어대는 어린아이가 드디어는 하나님에 대해서까지 질문을 하자 그곳에 있던 다른 사람들이 모두 귀를 기울이기 시작하였다. 하나님에 대한 아이의 물음에 그 어머니가 '어떻게 대답할까' 궁금해하면서 기대에 찬 눈으로 지켜보고 있는 것이 분명했다. 그러니 어머니가 아들의 질문에 대답한 것은, 물론 주변 사람들에게 한 것이기도 했다.

꼬마가 "왜 하나님은 피곤해하시며 멈추지 않으시는 걸까요?" 하고 묻자 어머니는 잠시 생각한 후에 "왜냐하면…… 하나님은 사랑이신데…… 사랑이란 결코 피곤해하지 않는 거란다."라고 대답해 주었다.

이것이 바로 시편 23편의 메시지다. 하나님은 사랑이시며, 사랑은 결코 피곤해하지 않는 것이다. 하나님은 언제나 양떼를 보살피는 헌신적이며 성실한 목자와 같다. 이러한 메시지에 의지할 수 있는 것은 바로 우리가 하나님을 의지할 수 있기 때문이다.

어느 1학년 담임선생님이 아침에 교실에 들어가 보니 여섯 살짜리 조니가 학생들 앞에서 배를 내밀고 서 있었다. 이상하게 생각한 선생님이 다가가서 "조니야, 왜 배를 그렇게 내밀고 서 있니?" 하고 물었다.

"네, 아침에 배가 아파서 간호사 선생님께 갔더니 '오늘 점심때까지 배를 쑥 내밀고 있으렴. 그러면 괜찮아질 거야.' 하고 일러주셨어요." 아이가 대답하였다.

　일부 사람들은 삶을 이렇게 경험한다, 꼭 점심때까지 배를 쑥 내밀고 있듯 그저 직면하고, 견디고 그리곤 근근이 살아남는 것처럼. 그러나 삶이란 그 이상이다. 삶이란 그냥 쑥 내밀고 있는 그런 것이 아니란 말이다. 그토록 많은 스트레스와 문제들과 압박이 괴롭혀도 삶이란 우리에게 주어진 경탄할 만한 선물이다.

　그렇다. 스트레스 안에서도, 스트레스를 거치면서도, 그리고 스트레스가 지나간 후에도 삶이란 존재한다. 이 책은 바로 이것에 관한 것이다. 하나님은 우리를 괴롭히는 스트레스보다 더 깊은 곳에서 우리와 함께 하신다.

제임스 무어

차례

서문 • 스트레스 뒤에도 삶이 있을까? ······ 6

1장 • 스트레스와 내맡김 ······ 19
　　　　　　　　　하나님께 모든 것을 맡기는
　　　　　　　　　참된 헌신이 필요하다.

2장 • 스트레스와 슬픔 ······ 31
　　　　　　　　　마음이 상했을 때
　　　　　　　　　그 감정을 밖으로 드러내라.

3장 • 스트레스와 의사소통 ······ 43
　　　　　　　　　원만한 의사소통을 위해서는
　　　　　　　　　'처음 4분'이 중요하다.

4장 • 스트레스와 '나 중심주의' ······ 57
　　　　　　　　　자기만을 중심에 둔
　　　　　　　　　일명 '부자 증후군'을 주의하라.

5장 • 스트레스와 무거운 짐 ······ 71
　　　　　　　　　무거운 짐과 고통을 이기는 힘은
　　　　　　　　　그리스도에 대한 믿음이다.

6장 • 스트레스와 위험한 태도 ······ 83
　　　　　　　　　미움, 초조함, 뒤바뀐 우선순위는
　　　　　　　　　우리 영혼에 해롭다.

7장 • 스트레스와 외로움 ······ 97
　　　　　　　　　외로움의 고통을 느낄 때
　　　　　　　　　하나님이 우리와 함께하심을 기억하자.

8장 • 스트레스와 **놓친 순간들** ⋯⋯⋯⋯⋯⋯⋯⋯⋯⋯⋯⋯⋯⋯ 109
                          그리스도의 진실한
                          제자의 특징은 무엇인가?

9장 • 스트레스와 **정서적 고통** ⋯⋯⋯⋯⋯⋯⋯⋯⋯⋯⋯⋯⋯⋯ 123
                          피할 수 없는 삶의 한 부분인
                          고통의 길을 걸어가는 법을 배운다.

10장 • 스트레스와 **막힌 길** ⋯⋯⋯⋯⋯⋯⋯⋯⋯⋯⋯⋯⋯⋯⋯ 135
                          막다른 길에서 절망을 느낄 때
                          취해야 할 방법을 찾아본다.

11장 • 스트레스와 **도덕적 선택** ⋯⋯⋯⋯⋯⋯⋯⋯⋯⋯⋯⋯⋯⋯ 145
                          도덕적인 결정을 내리는 데
                          도움이 되는 지침을 알아본다.

12장 • 스트레스와 **나쁜 버릇들** ⋯⋯⋯⋯⋯⋯⋯⋯⋯⋯⋯⋯⋯⋯ 155
                          나쁜 습관을 끊는
                          네 가지 단계를 소개한다.

13장 • 스트레스와 **내부의 혼란** ⋯⋯⋯⋯⋯⋯⋯⋯⋯⋯⋯⋯⋯⋯ 169
                          우리를 괴롭히고 파멸시키는
                          것들을 생각해 본다.

14장 • 스트레스와 **적개심** ⋯⋯⋯⋯⋯⋯⋯⋯⋯⋯⋯⋯⋯⋯⋯⋯ 181
                          적개심에 대응하는 방법에
                          어떤 것이 있는가?

15장 • 스트레스와 **거절** ⋯⋯⋯⋯⋯⋯⋯⋯⋯⋯⋯⋯⋯⋯⋯⋯⋯ 193
                          거절당할 때
                          우리가 기억해야 할 것들을 알아본다.

16장 • 스트레스와 **하나님의 놀라운 임재** ⋯⋯⋯⋯⋯⋯⋯⋯⋯ 207
                          슬픔과 절망이 있는 곳에서도
                          하나님을 만날 수 있다.

옮기고 나서 ⋯⋯⋯⋯⋯⋯⋯⋯⋯⋯⋯⋯⋯⋯⋯⋯⋯⋯⋯⋯⋯⋯ 218

제1장 스트레스와 내맡김

사드락과 메삭과 아벳느고가 왕에게 대답하여 아뢰었다. "굽어살펴 주십시오. 이 일을 두고서는, 우리가 임금님께 대답할 필요가 없는 줄 압니다. 불 속에 던져져도, 임금님, 우리를 지키시는 우리 하나님이 우리를 활활 타는 화덕 속에서 구해 주시고, 임금님의 손에서도 구해 주실 것입니다. 비록 그렇게 되지 않더라도, 우리는 임금님의 신들은 섬기지도 않고, 임금님이 세우신 금 신상에게 절을 하지도 않을 것입니다. 굽어살펴 주십시오." 그러자 느브갓네살 왕은 잔뜩 화가 나서, 사드락과 메삭과 아벳느고를 보고 얼굴빛이 달라져, 화덕을 보통 때보다 일곱 배나 더 뜨겁게 하라고 명령하였다. 그리고 그의 군대에서 힘센 군인 몇 사람에게, 사드락과 메삭과 아벳느고를 묶어서 불타는 화덕 속에 던져 넣으라고 명령하였다. 그러자 사람들은 그들을, 바지와 속옷 등 옷을 입고 관을 쓴 채로 묶어서, 불타는 화덕 속에 던졌다. 왕의 명령이 그만큼 급하였다. 화덕은 매우 뜨거웠으므로, 사드락과 메삭과 아벳느고를 붙든 사람들도 그 불꽃에 타서 죽었다. 사드락과 메삭과 아벳느고 세 사람은 묶인 채로, 맹렬히 타는 화덕 속으로 떨어졌다. 그때에 느브갓네살 왕이 놀라서 급히 일어나, 모사들에게 물었다. "우리가 묶어서 화덕 불 속에 던진 사람은, 셋이 아니더냐?" 그들이 왕에게 대답하였다. "그러합니다, 임금님." 왕이 말을 이었다. "보아라. 내가 보기에는 네 사람이다. 모두 결박이 풀린 채로 화덕 안에서 걷고 있고, 그들에게 아무런 상처도 없다! 더욱이 넷째 사람의 모습은 신의 아들과 같다!" (다니엘서 3:16~25 / 표준새번역 개정판. 이후 모든 성경본문은 표준새번역 개정판 인용)

스트레스와 내맡김

"인기 절정을 달리는 독설"(Bashing Becomes a Hit) – 이것은 '예민한 화제가 새로운 여흥으로 떠오르다'(New National Pastime Has Sharp Tongues Wagging)라는 부제가 달린 가네트 뉴스지(Gannett News Service)의 머리 제목이었다(*The Times*, August 18, 1988.) 이 기사를 쓴 줄리 힌즈는 '독설의 기술'(The Art of Bashing)에 대한 웹스터 사전의 두 가지 정의에 주목하고 있다. Bash라는 말이 동사로 쓰일 때는 '격렬하게 치다, 때리다, 일격을 가하다, 파괴적인 일격으로 박살을 내다'는 뜻이 있으며, 명사로 쓰일 때는 '즐거운 시간, 재미 가득한 여흥'을 뜻한다.

이어 줄리는 지난 몇 십 년 동안 사람들은 두 가지 의미를 능숙하게 섞어 사용하였다면서 '현대에 있어서의 Bashing이란, 다른 사람을 뻔뻔스럽게 치고 때리고 박살나게 만드는 짓거리로 즐거운 시간을 갖는 것'이라고 정의하였다. 줄리가 완곡하게 달리 말한 바에 따르면, 오늘날에는 차라리 적대적이라고 해야 할 형태의 여흥이 출현하고 있는데, 그 여흥이란 우리가 남의 인품에 관해 말로 공격을 퍼붓는 것을 구경하고, 살피고, 또 합세하여 즐기는 것이다. 그것은 바로 '중상(中傷)'이다.

남을 헐뜯고 공격하는 주인공들(사람이나 조직체 포함)이나 규모는

다양하다. 모튼 다우니 2세(Morton Downey Jr.)나 제랄도 리베라(Geraldo Rivera)에 의해 전형화된 토크 쇼 독설가들이 있으며, *SPY*라는 잡지와 *National Enquirer* 같은 신문들이 바로 오로지 남을 헐뜯고 공격하는 일에 골몰하는 것들이다. 유명인사들이나 행사들의 목록을 담은 출판물들도 독설을 행하는 의식처럼 되어 가고, 또한 각종 선거 특히 대통령 선거에서 우리는 수다스럽고 떠들썩한 독설들을 본다.

릭클스, 리버스, 조니 카슨, 데이비드 레터만같이 코믹한 방법으로, 그리고 영상 비평을 수단으로 남을 헐뜯는 이들도 있다. 시스켈은 에버트를 헐뜯고, 에버트는 시스켈을, 또 어떤 때는 자기들이 좋아하지 않는 영상물들을 고대 로마의 황제가 검투사에게 죽일 것을 명할 때처럼 팔을 뻗고 엄지손가락을 아래로 내리는 동작을 하며 공격한다. 한 유명한 정신과 의사는, 어떤 의미에서 남을 헐뜯고 공격하는 것은 옛날보다 더 세련된 현대판 검투사라고 넌지시 말한다.

물으나마나 우리 시대의 가장 능숙하게 전문적으로 남을 헐뜯고 공격하는 사람들은 「워싱턴 프레스」(*Washington Press*)로부터 지방의 잡다한 신문을 비롯한 언론매체의 종사자들이다. 댄 래더(Dan Rather)는 오늘날 세 가지 부류의 기자들이 있다고 말하면서 그들을 애완견, 경비견, 맹견 같은 세 가지 종류의 개에 빗댄 바 있다. 정말 전에는 볼 수 없었는데 요즈음의 기자들은 경비견처럼 노려보고 공격하는 식이다.

매일 경험하는 대화나 공개적인 토론의 자리에서 퍼붓는 거친 비판이나 야유의 수위가 과거 어느 때보다 높아졌다. 전에는 말을 안 하거나 혹은 사적인 자리에서나 하던 것들을 이제는 공공연히 말하곤 한다. 이처럼 난무하는 독설이나 풍자 행위를 어떻게 보아야 할까?

첫째, 그것들 가운데 얼마 정도는 유머러스하여 그리 심각하게 여길 필요가 없다. 요즈음의 일부 작가나 코미디언들은 윌 로저스(Will Rogers)가 던졌던 재미있는 풍자를 이용하여 좀 새롭게 해보려는 것뿐이다. 실제로 어떤 사람들은 자신이 남들의 요리재료처럼 취급당하거나 'Mr. 블랙웰의 가장 옷을 못 입는 사람 명부'에 오르고 싶어서 그런 것이기도 하니까.

둘째, 그중에는 필요한 것들도 있다. 정치 기사나 뉴스 해설, 수사 발표들은 우리의 민주주의를 점검하고 균형을 유지하는 체제로서 정말 역동적이고 필수적이다. 언론매체는 우리들을 겸손하고 정직하게 지켜주는 사명이 있다. 그들은 진실을 추적하고 드러내야 한다. 그것이 바로 그들의 임무니까.

셋째, 반면에 어떤 것들은 도가 지나치다. 요즈음 우리는 사건을 다루기보다 사람을 공격히는 슬픈 모습을 종종 본다. 나는 이미 죽은 저명인사들에 관한 폭로기사를 써서 백만장자가 된 작가를 알고 있다. 그것은 남을 등쳐먹고 사는 것과 같은 계략에 불과하다. 죽은 사람은 명예훼손을 이유로 소송을 걸어올 수 없다는 것을 잘 알고 관 뒤에서 비아냥거리다가, 회심의 미소를 지으며 은행을 향해 가는 것이니까.

넷째, 우리 주변에는 언제나 독설이나 비아냥거리는 것이 있다. 하지만 그것은 오로지 권력은 가졌으나 정신적으로 문제가 있는 고대 왕들이나 즐겨 쓰던 것이다. '머리가 돌 것 같다'는 말은 여기서 나온 것인데 가장 나쁜 형태가 바로 자기 평가에 있어서의 도르래 구조다. 다른 사람을 떨어뜨리면 당신은 올라갈 것이라는, 이 같은 극단적인 헐뜯기는 아주 원시적이고 파괴적이다.

다니엘서 3장에 기록된 느브갓네살 왕의 행동은 고전적인 예다. 그는 자신이 취한 세 가지 일들로 인해서 괴상하고 불안하며 정신분열 증세를 가진 바벨론의 왕으로 알려져 왔다 : (1) 군사 공격 – 주전 587년, 군대를 보내 예루살렘을 파괴하고 사람들을 잡아갔다. (2) 건축 계획 – 세계 7대 불가사의의 하나로 유명한 '공중정원(Hanging Gardens)'을 지은 것으로 알려졌다(아마도 애스트로덤〈돔구장 구조〉같은 것을 좋아했는지도 모른다!). (3) 그는 알려진 바대로 괴이하고 불안정한 사람이었다. 성경은 그 자신이 소가 되어 들판에 나가 풀을 뜯어먹는 것을 상상했던 그의 광기를 낱낱이 말해 주고 있다.

그는 그토록 불안정한 인물이었기 때문에 백성들이 자신의 위대함을 끊임없이 인정해 주기를 바랐으며, 만일 그렇게 하지 않았으면 단지 즐거움을 위해 그들을 내쳤을 것이다. 한 예로, 그는 자기 자신을 닮았을지도 모를 커다란 신상을 하나 세웠는데 금으로 만든 이 신상은 자그마치 높이가 90피트에 넓이는 9피트나 되었다. 그것을 완성한 후 그는 자신의 정치적 지지자들에게 두라 평원에 나와서 왕실 악대의 음악에 맞추어 거기 있는 '느브갓네살 왕의 신상' 앞에 배를 깔고 엎드려 경배하도록 하였다. 누구 하나라도 거역하면 곧바로 불타는 용광로에 던져졌다.

이스라엘 백성이 이 명령을 따를 리가 없었다. 그런 행위는 자신들의 믿음에 대한 명백한 배반이니까. 그러나 결국에 가서는, 끓는 용광로 안에서 바비큐가 되기보다는 약간의 먼지를 먹는 것이 낫다는 생각에 그들도 경배하였다. 음악 소리가 들리는 가운데 모든 사람들, 사드락과 메삭과 아벳느고를 제외한 모든 사람들이 금 신상 앞에 엎드렸다. 그러나 이 세 사람은 하나님을 향한 자신들의 헌신의지 꺾기를 거부하였으며, 야훼와의 언약을 어기는 것을 거부하였다. 자신들이 망가지는 것을 거부한 것이다!

그들은 아브라함과 모세를 기억했으며, '하나님만을 예배하고', '다른 상을 만들지 말라'는 십계명을 기억했다. 또한 이스라엘 백성을 모아놓은 자리에서 "당신들이 어떤 신들을 섬길 것인지를 오늘 선택하십시오. 나와 나의 집안은 주님을 섬길 것입니다."라고 했던 여호수아를 기억하였다. 그렇게 해서 세 사람은 꼿꼿하게, 자랑스럽게, 믿음직스럽게, 충성스럽게, 헌신하는 사람의 모습으로 거기 서 있었던 것이다. 이 소식을 들은 느브갓네살 왕이 꾸짖고 소리지르고 협박하였지만 그들은 마음을 돌이키지 않았다.

사드락과 메삭 그리고 아벳느고는 요지부동으로 서 있었다. 오히려 그들은 성서에 나오는 위대한 신앙고백 중 하나의 주인공이 되었다 : "느브갓네살 임금님, 우리는 우리 앞에 무슨 일이 일어날지 걱정하지 않습니다. 우리 하나님께서는 우리를 구원해 주실 것입니다. 그렇지 못하더라도, 아니 그분이 그렇게 안 하시더라도, 우리는 결코 그분을 향한 언약을 깨지 않을 것입니다. 우리는 오직 하나님만을 예배할 것입니다!"

격노한 느브갓네살은 용광로를 전보다 일곱 배나 더 뜨겁게 달군 후에 그들의 손과 발을 묶어 그 안에 던지도록 명하였다. 기록에 따르면, 용광로의 불길이 얼마나 뜨거웠던지 세 사람을 용광로 속에 던지는 역할을 맡았던 병사들까지 타 죽었으나 사드락과 메삭과 아벳느고는 아무런 해를 입지 않았다.

불이 이글거리는 용광로를 내려다보던 느브갓네살 왕이 깜짝 놀라 소리쳤다. "우리가 분명 세 사람을 용광로에 던졌는데 지금 보니 네 사람이, 묶임에서 풀려난 네 사람이 저 아래서 걷고 있도다. 그런데 저들과 함께 걷고 있는 네 번째 사람은 신처럼 보이는구나."

느브갓네살은 사드락과 메삭, 아벳느고를 불 속에서 끄집어 불러낸 후 절규하듯, "어떤 신도 이 사람이 한 일을 할 수는 없다!" 하고 소리쳤다.

참으로 위대한 이야기가 아닌가? 당신이 이 화려한 옛 이야기를 어떻게 해석하든 (문자적으로, 은유적으로, 비유적으로, 역사적으로, 개인적으로 혹은 이 모든 것을 종합한 형태로 취하든) 한 가지만은 분명하다. 그것은 믿음과 헌신의 놀라운 선언이다. 여기 세 사람은 그들에게 무슨 일이 일어나건 개의치 않고 기꺼이 하나님을 믿고, 섬기며, 의지하였다.

자, 이것이 바로 자신을 내맡기는 참된 헌신이다! 당신도 그렇게 자신을 내맡길 수 있는가? 당신의 헌신도 저들의 것과 같이 정점에 서 있는가? 세 사람의 헌신은 깔끔하게 정리될 수 있으며 또한 우리에게는 도전으로 다가온다. 그것은 정말 매우 소박한 것이다 : 지금까지도 그랬고 앞으로도 아주 소박할 것이다. 모진 역경 앞에서 보여준 그들의 강하고 믿음직스러운 자세는, 불굴의 헌신의지 속에 담긴 기본 요소란 언제나 아름답다는 사실을 우리에게 극적으로 일깨워주는 역할을 해 준다. 이것이 무엇을 뜻하는지 더 살펴보자.

1 그들은 자기를 팔아치우지 않았다.

남북전쟁이 끝난 후, 몇몇 사업가들이 전쟁 영웅 로버트 리(Robert E. Lee) 장군에게 고액의 봉급이 딸린 자리를 마련하고 함께 일할 것을 제안했다. 리 장군은 "저는 사업 경험이 거의 없는데 제가 무슨 일을 하게 됩니까?" 하고 물었다. 그들이 대답하기를 "아무것도 하실 필요가 없습니다. 우리는 그저 장군의 이름을 이용하고 싶을 뿐입니다." 하였다. 그러자 리 장군은 "제 이름은 판매용이 아닌데요." 하였다.

이름보다, 영혼보다, 헌신하는 것보다 더 힘 있는 것은 없다, 그것들은 모두 판매 대상이 아니니까. 사드락과 메삭, 그리고 아벳느고는 리 장군과 마찬가지로 자기를 팔아치우지 않았다. 그것이 바로 진정한 헌신이다.

2 그들은 우상을 예배하지 않았다.

그들의 헌신은 판매용이 아니었다. 그들은 오직 하나님 외에 어떤 것에도 절하지 않는다. 우리는 항상 하나님이 아닌 어떤 것을 숭배하라는 유혹을 받는다. 하나님이 있어야 할 자리에 다른 어떤 것을 놓으라는 유혹 말이다. 돈, 권력, 인기, 쾌락, 이 모든 것들은 그것들을 섬기고 절하도록 우리를 유혹한다. 그러나 그것들은 우상이며, 조각된 이미지며, 부서지기 쉬운 동상에 불과하다. 시간이 흘러도 우리는 여전히 자신의 구미에 맞는 신을 만들라는 유혹을 받지만, 언젠가 우리를 지으신 하나님과 대면하게 될 것이다! 사드락과 메삭, 그리고 아벳느고 그들이 자신들을 팔아치우거나, 우상 섬기는 것을 거부했던 그런 날에.

3 그들은 군중을 따르지 않았다.

모두들 배를 깔고 절을 했으며, 모두들 굴욕을 당했으며, 모두들 굴복했지만, 사드락과 메삭과 아벳느고는 그러지 않았다. 그들은 꼿꼿이 섰다! 군중을 따르지 않은 것은 바로 하나님께 모든 것을 내맡기는 헌신의지 때문이었다. 그들의 헌신의지는 최근의 유행을 따르는 것보다 더 엄청난 것이었다.

4 그들은 하나님의 임재하심을 밝히 드러냈다.

느브갓네살 왕은 이글거리는 용광로를 내려다보다가 거기에 세 사람, 아니 네 사람이 있는 것을 보았다. 그는 세 청년들과 함께 하나님이 계신 것을 본 것이다! 언제든, 어디서든, 당신이나 나를 보면서 우리 안에, 우리와 함께, 세 청년에게서처럼 하나님이 계시는 것을 본 적이 있는가? 앞서 세 사람은 그처럼 헌신의지가 강했기에 하나님의 임재를 반영할 수 있었다.

5 그들은 모진 상황에서도 하나님을 신뢰하였다.

당신은 그들이 왕에게 했던 말을 좋아하는가? "느브갓네살 임금님, 우리는 우리 앞에 무슨 일이 일어날지 걱정하지 않습니다. 우리 하나님께서는 우리를 구원해 주실 것입니다. 그렇지 못하더라도, 아니 그분이 그렇게 안 하시더라도, 우리는 결코 '그분을 향한 언약'을 깨지 않을 것입니다. 우리는 오직 하나님만을 예배할 것입니다!" 이렇게 보면, 그들이 보여준 하나님을 향한 충실하고 단호한 헌신의지와 하나님에 대한 신뢰야말로 우리가 세상살이에서 겪는 고통과 스트레스를 견디게 해주는 힘이다. 당신은 하나님께 그렇게 헌신하고 있는가? 그런 정도로 하나님을 신뢰하는가?

미국연합감리교회의 감독으로 일리노이 주에 있는 교회를 섬기는 우디 화이트(Woodie White)라는 분이 있다. 얼마 전, 그는 지금까지 있었던 어떤 것보다 어려운 일을 경험했다. 하루는 집에서 안락의자에 앉아 축구경기를 보고 있는데 여동생으로부터 전화가 왔다.

"오빠, 오빠!" 여동생은 격앙된 높은 소리로 빠르게 말했다. "빨리 좀 와줘야겠어요. 엄마에게 일이 생겼어요." 우디 화이트는 그 즉시 뛰어나가 차에 시동을 걸고 어머니 집으로 차를 몰았다. 먼 거리를 달리면서 그는 '어머니에게 일어날 만한 일이 무엇일까?' 생각했다. 심장마비? 뇌졸중? 아니면 낙상을 하셨을까? 왜 동생의 목소리는 그렇게 다급했을까? 그는 자신을 가다듬으려 했지만 현장을 보고 나서는 아무것도 할 수 없었다.

73세인 그의 어머니가 무자비한 공격을 받으셨다. 누군가가 문을 부수고 들어와서 짐승처럼 어머니를 때리고 돈을 빼앗고 폭행까지 한 것이었다. 얼굴은 타박상을 입은 데다 피투성이가 되어 있었으며 옷은 찢어지고 눈은 퉁퉁 부어 거의 감겨 있었다.

우디 화이트 감독은 자신이 본 것을 믿을 수가 없었다. 충격으로 얼어붙은 듯 그대로 서 있던 우디 감독은 어머니에게 다가가 끌어안고 울기 시작했다. 그런데 바로 그때 믿기 이상히고 특별한 일이 일어났다. 그가 어머니를 안고 있는 동안, 아주 익숙한 냄새를 맡은 것이다. "어머니, 지금 무슨 냄새가 나는 듯한데요." 하고 말하자 어머니가 대답했다. "얘야, 후라이드 치킨 냄새란다. 네가 먼 길을 오느라 배고플 것 같아서……."

그렇게 무서운 일을 겪고도 아들을 생각하는 어머니의 마음에 감동한 우디 화이트는 다시 눈물을 흘리며 울었다. 그리고 어머니를 더욱 꼭 끌어안았다.

그러자 어머니가 아들을 올려다보았는데 그녀의 얼굴에는 따뜻한 느낌의 분홍빛이 감돌았다. 그리고는 아들에게 "얘야, 네게 말하고 싶은 게 있는데 앞으로도 잊지 말았으면 좋겠구나." 하면서 건넨 말은 이랬다. "하나님은 여전히 좋으신 분이란다. 지금도, 지금도 여전히 좋은 분이시구 말구."

　　이것이야말로 진짜 하나님께 자신을 맡긴 헌신이다. 사드락과 메삭과 아벳느고가 지녔던, 뜨거운 불길도 견디게 할 수 있었던 그런 헌신! 당신도 그런 헌신의지를 가지고 있는가? 그럴 정도로 헌신하고 있는가? 한번 생각해 보아야 하지 않을까?

 **자신을 내맡기는 참된 헌신이란**

1. 자기를 팔아치우지 않는다.
2. 우상을 예배하지 않는다.
3. 군중을 따르지 않는다.
4. 하나님의 임재하심을 밝히 드러낸다.
5. 모진 상황에서도 하나님을 신뢰한다.

제 2 장 스트레스와 슬픔

주님은 나의 목자시니, 내게 부족함 없어라. 나를 푸른 풀밭에 누이시며 쉴 만한 물가로 인도하신다. 나에게 다시 새 힘을 주시고, 당신의 이름을 위하여 바른 길로 나를 인도하신다. 내가 비록 죽음의 그늘 골짜기로 다닐지라도, 주님께서 나와 함께 계시고, 주님의 막대기와 지팡이로 나를 보살펴주시니, 내게는 두려움이 없습니다. 주님께서는, 내 원수들이 보는 앞에서 내게 잔칫상을 차려주시고, 내 머리에 기름 부으시어 나를 귀한 손님으로 맞아주시니, 내 잔이 넘칩니다. 진실로 주님의 선하심과 인자하심이 내가 사는 날 동안 나를 따르리니, 나는 주님의 집으로 돌아가 영원히 그곳에서 살겠습니다. (시편 23편)

스트레스와 슬픔

사람은 누구나 한두 번쯤 죽음의 그늘이 드리운 골짜기를 지나온다. 마음이 찢어지는 듯한 경험을 하고, 고통스러운 번민과 고뇌 가득한 슬픔을 동반한 스트레스를 직접 겪어보기도 한다.

20대 초에 결혼하여 행복한 생활을 하던 부인이 병원에서 예쁜 아기를 낳은 후 방금 퇴원하여 집에 돌아왔다. 전부터 딸을 갖기 원했는데 이제 이루어졌으니, 삶이 멋지기 그지없었다. 아기를 처음 맞아들인 그 특별한 날, 사랑스런 딸을 축하하느라 부부는 아기 방을 밝은 핑크빛으로 예쁘게 단장하였다.

어느 날 아침, 이 젊은 엄마는 아기가 크게 우는 소리에 잠을 깼다. 아기에게 가서 젖을 먹이고, 기저귀를 갈아주고, 뽀뽀도 해주면서 달랬다. 그렇게 따뜻한 분위기 속에서 함께 있다가 아기를 다시 침대에 누이고 커피를 끓이기 위해 주방으로 갔다. 10분 후, 다시 아기 방으로 들어선 그녀는 무언가 엄청나게 나쁜 일이 일어났음을 본능으로 알아챘다. 아기 침대로 급히 달려갔는데, 아, 악몽이었다. 아기가 죽은 것이다! '침상 사망', 사람들은 그렇게 불렀다. 불가사의하고, 원인도 모른 채 아기가 비극적으로 그렇게 죽자 젊은 내외의 가슴은 미어졌다.

한밤중에 전화 벨소리가 요란하게 들렸다. 경찰서의 목사라고 자신을 소개한 그 사람은 우리 교인 가정의 10대 소녀가 자동차 충돌사고로 숨졌다는 소식을 전해 주었다. 우리는 그 부모에게 이 슬픈 소식을 전하기 위해 함께 갔다. 같이 가서 그 소식을 전해 주긴 했지만 그 부모의 가슴은 무너지고 말았다.

한 젊은이가 찾아와 "급한 일인데요." 하며 말을 꺼냈다. 그의 약혼녀가 결혼을 취소했다는 것이다. 청첩장도 이미 보냈고, 준비도 착착 되어가고 있으며, 마냥 행복하기만 했는데…… 어쩌면 그에게 그렇게 보인 것인지도 모르지만. 그래서 전혀 예상할 수도 없었는데 그녀가 '겁을 먹고', 주저하고, 그러다가 사랑에 대한 확신이 없다면서 달아난 것이다. 당황한 그는 상처와 좌절로 넋이 나가버렸다. 패기 만만한 청년의 모습은 사라지고 마음은 산산조각 나버렸다!

30년이 넘도록 남편과 함께 행복하게 살아온 중년 여성. 그녀의 삶은 모든 것이 남편의 보살핌 안에 있었다. 그러나 말기 암 진단을 받은 남편은 6개월간 암과 의연히 맞서다가 죽고 말았다. 고통스러웠던 남편에게는 차라리 죽음이 복된 해방이었다. 그러나 그녀에게는 남편의 죽음이 감당할 수 없이 침울하고 나약하게 하는 고뇌요, 두려움, 혼돈, 죄의식 같은 둔한 통증 속의 외로움이었다. 때때로 기력도, 열정도, 활기도 없는 공황 상태에서 슬픔을 어떻게 다뤄야 할지 몰랐다. 무엇을 어찌 해야 할지도 모르겠고, 관심과 슬픔이 엇갈려 녹초가 되고, 깨어진 심장과 견디기 어려운 스트레스로 가득 찼다.

이렇게 교회에 찾아와 자신들의 고통과 슬픔을 털어놓은 사람들을 열거하자면 얼마든지 할 수 있다.

직장을 잃은 남자
갈등에 시달리는 부부
퇴학 당한 학생
암초에 부딪친 결혼 예정자
진급에 실패한 직장인
마약문제로 쪼개진 가정

고통을 겪고 있는 이 사람들 모두에게는 적어도 세 가지 공통점이 있다 : 마음이 상했으며, 깊은 슬픔에 빠졌으며, 격려와 도움을 구하고자 교회에 왔다는 점이다.

누구나 자신이 세상 밖으로 내던져진 것 같은 순간을 경험한다. 때때로 상한 마음에 괴로워하기도 한다. 그런데 문제는 살아가면서 그런 고통을 다시 만난다는 사실이다. 그럴 때 성급하고 격렬한 질문을 하게 된다 :

살아가면서 어리둥절하고 혼란스러운 일을 만날 때, 그 스트레스를 어떻게 다룰까?
어둡고 외로운 골짜기를 어떻게 잘 지나 갈 수 있을까?
어떻게 슬픔을 생산적으로, 고통을 창조적으로 맞을 수 있을까?
마음이 상할 때 함께 찾아드는 감정적이며 영적인 고통을 어떻게 다루어야 하는가?
믿음의 요소들이 어떻게 도움이 될 수 있는가?

때때로 우리는 우리에게 일어난 무서운 일이나 슬픔의 실체를 부정한다. 그럴 땐 마치 우리가 존 웨인이나 찰스 브론슨처럼 강인해야 한다는 생각이 들게 마련이다. 그러나 세상이 무너져 내릴 때, 우리가 다치거나 실망하거나 마음이 상할 때, 우리의 내부 깊은 곳에서는 고통스러운 감정과 느낌들(두려움, 화, 외로움, 불안, 혼돈, 죄책감, 분노, 공포)이 부글부글 끓어오른다.

그런 감정들을 밖으로 드러낼 필요가 있다 : 그것들이 밖으로 표출되지 않으면 안에서 곪다 못해 영혼을 해치게 된다. 우리 속의 잡다한 감정들을 드러내는 데는 건설적인 방법과 파괴적인 방법이 있다. 전염병 같은 파괴적인 방법은 우리에게 상처만 더한다. 술 취하는 것, 마약을 먹는 것, 다른 사람을 해치는 것, 고속도로에서 매우 빠르게 질주하는 것, 도피하는 것, 마치 아무런 상처도 없는 듯 위장하는 것, 이런 모든 파괴적인 것들은 단지 상태를 악화시킬 뿐, 아무런 도움이 되지 못한다.

반면에 더 좋고 보다 구속적인 반응들이 있다. 상처난 마음에 자리잡은 정서적 고통을 다루는 건설적인(소박하고 실제적인) 방법들을 살펴보려 한다 : 우리는 아픔을 이야기할 수 있고, 아픔을 드러내며 울 수도 있고, 아픔을 일 속에 쏟을 수도 있으며, 예배드릴 수도 있다.

1 마음이 상했을 때 그것을 밖으로 이야기하라.

사람은 상처 입었을 때 충분히 듣고, 격려하고, 지지해 주고, 긍정해 주는 사람, 그런 공감하는 귀를 제일 필요로 한다.

나의 아버님은 내가 열두 살 때 교통사고 후유증으로 돌아가셨다. 아버님의 장례를 치른 후 처음 학교에 가던 날을 나는 지금도 생생하게 기억한다. 수업이 끝나고 운동장을 빠져 나오면서 나는 친구들에게 아버님을 돌아가시게 한 자동차 사고에 대해 말해 주었다. 그러자 그중 한 친구가, "너 그 사고에 대해 이야기하는 것이 괴롭지 않니?" 하고 물었다. 비록 열두 살밖에 안됐지만 마치 어제 일처럼 기억하는 것은 그 당시 나는 그 사고에 대해 말할 필요를 느꼈다는 점이다. 나는 회상하고 싶었고, 소리내어 표현하고 싶었고, 이야기하고 싶었다!

몇 년 후, 또다시 자동차 사고로 어머님을 잃었다. 나는 그때의 경험과 아픔을 가지고 글을 쓰고, 설교를 하였다. 사람들은 내게 "어떻게 그렇게 할 수 있느냐?"고 물었다. 그러나 나는 그렇게 할 필요가 있었다. 그렇게 하는 것에는 치료의 힘이 있기 때문이다. 내 가슴은 다 깨어졌지만 난 그것에 대해 말해야 했다.

처음 목회를 시작하고 슬픔을 당한 사람들과 함께 했을 때, 나는 말하고, 설명하고, 해석하는 것을 나의 일이라고 생각했다. 그들에게 해답을 주려고 생각한 것이었다. 그러나 지금은 그 반대로 한다. 그들이 말하게 하고, 또 말하도록 격려한다. 그렇게 하면서 슬픔에 빠진 사람이 진정으로 필요로 하는 것은 들어주는 사람이라는 걸 알게 되었다. 그래서 나는, "무슨 일이 있었는지 제게 들려주세요. 당신이 그토록 사랑하던 사람을 나와 같이 회상해 봅시다." 하고 말한다. 그러고 나면 그 사람과 나는 세상 떠난 사람의 가장 좋은 점들을 함께 기억하게 되고, 그 과정에서 위대한 치유가 이루어진다.

2 마음이 상했을 때 그것을 울음으로 표출하라.

「휴스턴 포스트」(*Houston Post*)라는 묵은 신문에 '눈물은 유익한 대응 도구가 될 수 있다'는 제목의 기사가 있었다. 울음에 대해 연구하던 저명한 두 과학자가 도달한 결론은, 우리들이 교회 안에서 오랫동안 알아왔던 대로 '우는 것은 아주 좋다' 는 것이었다.

우는 것은 약한 것도, 이기적인 것도 아니다. 때로 사람들이 울고 있는 자신에 대해 "내가 우는 걸 보면 난 아직 어린애인가 봐." 혹은 "내가 운다는 게 이기적인 줄은 알아." 하는 말을 듣는다. 그러나 우는 것은 아주 좋은 것이다! 그리고 정상적이다. 그것은 고통스러운 감정을 건강하게 표현하는 방법으로서 하나님이 주신 '정화의 은사' 다.

당신이 만약 망치로 손가락을 내리치는 바람에 눈에 눈물이 흘러내리는 것을 누가 보고서 "자네, 이기적인 애들처럼 왜 울고 그래?" 하고 말할 사람은 아무도 없다. 그렇다. 그것은 다쳤기 때문이고 고통스럽기 때문이다!

슬픔도 이와 같다. 그것은 상처를 입은 것이다. 관계가 깊을수록 상처도 크다. 친지를 잃고 상처를 입었을 때는 깊은 감정이 솟구친다. 그것을 울음으로 표출할 필요가 있다.

내가 염려하는 것은 요즘 사람들이 우는 것을 너무 빨리 억제하는 것과 신경안정제를 찾느라 너무 쉽게 약상자를 꺼낸다는 것이다. "엄마가 화나셨어. 빨리 마음을 가라앉히게 해드려!" 하는 식으로. 그러나 이러한 깊은 감정들은 드러낼 필요가 있다. 겪었던 아픔을 소리내어 말하고 울음으로 표출하는 것은 좋은 것이다.

3 마음이 상했을 때 일을 하라.

아픔을 겪었으면서도 '평소 하던 일을 일찍 붙잡는 사람' 을 비판하는 일을 삼가야 한다. 그렇게 하는 것이 그 나름대로는 슬픔을 다루는 방법일 수도 있다. 아픈 상태로 밖에 나가 놀기 원하는 어린이를 탓하지 말아야 한다. 놀이는 어린이들 나름의 일이며 가슴 아픈 것을 다루는 그들 나름의 방법일 수도 있다.

내가 슬픈 일을 당했던 순간에 친구들은 나에게 이렇게 말했다. "자네는 그냥 앉아만 있게. 우리가 모든 걸 다 해 줄 테니까."라고. 배려해 주는 마음은 고맙지만, 나는 그렇게 할 수 없었다.

나는 바쁘길 원했고
전화를 걸고 싶었고
심부름도 가고 싶었고
일이 잘 준비되고 있는지 보고 싶었고
그리고 아픔을 일하는 것으로 풀고 싶었다!

보트 사고로 딸을 잃은 후 돌아온 첫 주일 날, 윌리엄 바클레이(William Barclay)는 그의 설교에서, "(시고로 딸을 잃은 후) 제게 필요한 것은 그저 종전같이 살며, 일하고, 흔들리지 않는 안목으로 삶을 맞을 수 있는 용기와 힘을 예수 그리스도의 임재 안에서 찾는 것이었습니다."라고 말했다.

어떤 사람들은 일 속에서, 떠나간 사랑스런 사람의 최선의 모습이 담긴 횃불을 치켜들고 그 모습을 세상에 되살리면서, 치료의 힘을 찾는다.

4 마음이 상했을 때 예배드리라.

슬픈 일을 겪은 사람들 중에 교회 출석을 놓고 "아직은 교회에 돌아갈 수가 없어요. 우선 일손이 잡히면 그때 교회에 다시 나가지요."라고 말하는 사람이 있다. 이렇게 말하는 것은 큰 실수인데도. 그것은 얼토당

토않게 다른 길을 헤매는 것에 불과하다. 교회 치료과정의 일부로 참여할 수 있도록 하라. 교회가 지니고 있는 능력과 사귐을 이용하라. 교회가족들 사랑의 품에 당신이 안길 수 있도록 하라. 기도와 따뜻한 포옹과 상냥한 악수, 그리고 음식을 나누는 행동들을 통해 교인들이 당신을 지원하고 돕도록 하여야 한다. 할 수 있는 대로 빨리 교회의 일상적인 모임에 돌아와야 한다. 하나님은 당신을 사랑하실 뿐 아니라 골짜기에서 당신을 건져내서 다른 편에 있는 산꼭대기로 데려가실 분임을 기억하여야 한다.

내 친구 노만 니브스(Norman Neaves)에게서 들은 이야기를 소개한다. 한 남자가 차를 타고 가다가 교차로에 이르렀을 때 다른 차가 그가 가는 쪽으로 방향을 틀다가 그의 차 왼쪽 뒤 범퍼를 들이받았다. 차를 세우고 내려서 뒤로 가 보니 상대편 차 안에 젊은 여성이 핸들을 놓고 울고 있었다. 그녀는 이렇게 말했다. "아, 죄송합니다. 제가 이런 사고를 내다니, 믿을 수가 없어요. 남편이 화를 많이 낼 거예요. 이 차는 얼마 전 결혼하면서 제게 준 결혼 선물인데 벌써 망가뜨렸으니…… 사고라고는 내본 적이 없는데, 어찌 해야 할지 모르겠어요!"

남자가 그 여성운전자를 안심시키면서 진정하도록 애를 쓰다가 그녀의 이름과 주소 그리고 보험가입 정보를 알고 싶다고 하자 그녀는 다시 울면서, "저는 보험에 대해서 아무것도 모르는데요!" 하였다. "조수석 앞의 서랍에 있을지도 모릅니다." 남자의 말대로 그곳에 보험증서가 담긴 봉투가 있었다. 그리고 그 봉투 속에는 남편이 적어놓은 쪽지가 함께 들어 있었다. "사랑하는 여보, 사고가 났을 경우 이것을 기억해줘요. 내가 사랑하는 것은 자동차가 아니라 당신이란 것을!"

이것은 우리를 위한 일종의 비유가 아닐까. 그것은 바로 우리들의 믿음 속에 들어 있는 복음이다! 하나님께서 우리에게 이렇게 말씀하신다. "사고를 당했을 경우, 기억하여라, 내가 너를 사랑한다는 것을, 그리고 늘 너를 지켜보고 있다는 것을!"

 **상처난 마음에 자리잡은 고통을 다루는 방법**

1. 마음이 상했을 때 그것을 밖으로 이야기하라.
2. 마음이 상했을 때 그것을 울음으로 표출하라.
3. 마음이 상했을 때 일을 하라.
4. 마음이 상했을 때 예배드리라.

제 3 장 스트레스와 의사소통

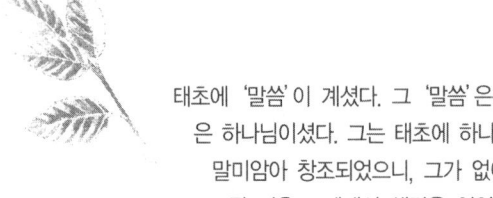

태초에 '말씀'이 계셨다. 그 '말씀'은 하나님과 함께 계셨다. 그 '말씀'은 하나님이셨다. 그는 태초에 하나님과 함께 계셨다. 모든 것이 그로 말미암아 창조되었으니, 그가 없이 창조된 것은 하나도 없다. 창조된 것은 그에게서 생명을 얻었으니, 그 생명은 사람의 빛이었다. 그 빛이 어둠 속에서 비치니, 어둠이 그 빛을 이기지 못하였다. (요한복음 1:1~5)

스트레스와 의사소통

사람들과의 사이에서 그리고 가족 안에서의 의사소통은 우리에게 커다란 활력을 준다. 의사소통이 원만하면 평화와 조화를 가져오지만, 의사소통에 장애가 있으면 불화와 의심을 가져온다. 원만한 의사소통은 치유를 일으키지만 장애가 있는 의사소통은 고통과 아픔의 원인이 될 뿐이다. 전자는 사랑을 낳고 또 강화되지만 후자는 미움과 적대감만을 퍼뜨린다. 정말 그러한지 다음의 세 가지 이야기들을 함께 살펴보자. 이 이야기들 속에 흐르는 공통점을 살피기 바란다.

첫 번째 이야기는 어느 날 길에서 만난 두 사람 간의 대화다. "여보게, 자네 감자 농사로 100만 달러를 벌어들인 메인 주(州)에서 온 친구 맞지?" 한 사람이 이렇게 말하자 다른 사람이 대답하기를, "그래, 자네 얼추 맞췄네 그려. 그런데 메인 주가 아니라 조지아 주(州)일세. 그리고 감자가 아니라 목화일세. 또 100만 달러를 번 게 아니라 손해 본 액수가 그렇다네. 게다가 내가 그런 게 아니라 내 동생이었지. 뭐, 그거 빼곤 자네 말이 다 맞네."

두 번째는 전에 자신이 목회하던 교회를 몇 해 만에 다시 방문하게 된 목사의 이야기다. 친교실에 들어서다가 그가 만난 사람은 베티였다.

베티와 그녀의 남편 윌리는 성실한 교인이었으며 이 목사와도 아주 가까운 사이였다. 그녀를 보자 반가운 나머지 목사는 달려가 손을 잡고, 포옹을 한 후 인사를 건넸다. "아이구, 만나서 반가워요. 그래 그 동안 어떻게 지냈어요? 남편 윌리도 여전하지요?" 베티가 대답했다. "소식 못 들으셨어요? 윌리는 벌써 하늘나라에 갔어요." 목사는 아무 생각도 없이 그냥 "아, 참 안됐군요." 말하고 나서는 다시 생각해 보니 하늘나라에 갔다는 사람에 대해 안됐다고 말한 것이 잘한 것 같지 않았다. 그래 그 말을 바로 잡는답시고 한마디를 덧붙였다. "제 말은 하여튼 반갑다는 뜻입니다."

세 번째 이야기는 1988년 5월 7일자, 「휴스턴 크로니클」(Houston Chronicle)과 「휴스턴 포스트」라는 두 신문에 동시에 실렸던 기괴한 사건이다. 휴스턴에 사는 배노이 짐니즈라는 아이는 당시 일곱 살이었는데 몸무게가 단지 11킬로그램밖에 안 되었단다. 그의 가족들은 무려 4년 동안 그를 욕실에 가두어 두고 두 마리의 개를 시켜 감시하도록 하였다. 그 안에서 배노이는 개 사료만을 먹고 살았으며 목이 마를 때면 변기에서 나오는 물을 마시며 살았다.

그러던 어느 날, 배노이는 욕실 창문을 통해 탈출에 성공하여 텍사코 역 근처를 배회하면서 먹을 것도 얻고 도움을 받게 되었다. 그를 집으로 돌려보내려는 사람들에게 배노이는 "제발 저를 집에 돌려보내지만 말아 주세요." 하고 애걸하였다. 그는 더 이상 그 집에서 견딜 수 없으며 밖에 나가 형이나 누나들이 하는 것처럼 무언가를 하면서 놀고 싶다고 말했다.

배노이는 밖에 나가 본 적이 없었으니 이발소도, 학교도, 가 본 적이 없었다. 따뜻한 음식을 먹어 본 적도, 장난감을 갖거나 내의를 입어 본 적도 그리고 생일축하를 받아 본 적도 없었다. (실제 나이가 일곱 살이었지만 그는 자신이 단지 세 살이라고 생각했다!) 이웃 사람들은 그런 아이가 살고 있는지도 몰랐다. 보도에 따르면 배노이는 몸무게 11킬로그램에 키가 1미터 조금 못되는 수척한 모습이었다. 어깨까지 늘어진 머리카락에 길게 자란 손톱으로 아주 불결했으며, 몸은 병약했고 멍투성이였다.

배노이 짐니즈는 아마도 신데렐라 증후군이나 희생양이라 불리는 심리학적 현상의 희생자였던 것 같다. 경찰에 따르면, 그의 부모들은 그를 등한시하고 학대했을 뿐 아니라 남동생과 두 명의 누나들도 그를 아주 미워했다고 한다. 가족들은 자기들이 겪는 고통과 불운을 모두 배노이 탓으로 돌렸다. 웬일인지 배노이는 나쁜 녀석이고, 자기들의 운수가 나쁜 것은 모두 그 애 탓이라는 생각이 어린 자녀들에게도 전달되었던 것이다. 그래서 배노이는 감옥에 가두어 두어야 할 존재라는 생각이 아이들에게도 강하게 퍼져 있었다(한 형사는 세뇌되었다는 말을 썼다). 그들은 배노이가 문제라고 생각하며, 그 아이에 대해서 매우 부정적이다.

위의 이야기들을 꿰뚫고 있는 실마리는 의사소통의 문제요, 의사소통의 어려움이요, 의사소통의 중요성이다. 좋은 의사소통은 삶, 희망 그리고 기쁨을 의미하지만 잘못된 의사소통은 죽음, 절망 그리고 패배를 의미한다. 좋은 의사소통은 우리의 영혼을 자극하고 정신을 고양시키지만 잘못된 의사소통은 우리의 마음에 독소를 집어넣고 생각을 뒤틀게 한다. 의사소통은 이처럼 중요하다!

그래서 우리가 의사소통을 시도할 때는 마치 전염병처럼 피해야 할 것들이 있다.

의사를 찾아 간 사나이에 관련된 늙은 헨리 영맨의 농담이 있다. 의사 앞에 선 사나이가 이렇게 말했다. "보세요. 선생님, 제가 이런 식으로 맞잡기만 하면 언제나 상처를 입거든요." 그러자 의사가 말했다. "그래요? 그럼 그렇게 하지 마세요. 더 이상."

　가정 안에서, 결혼생활에서, 그리고 다른 사람들과의 관계에서 어떤 경우는 아주 상처를 받게 되고, 해롭고 또 파괴적이기 때문에 그런 사람에게 상담가가 하는 말은 단 하나다. "그렇게 하지 마세요. 더 이상 그렇게 하지 마세요. 그건 아주 해롭고, 상처만 입게 되니까요." 조금 더 전문적인 방법으로 우리가 의사소통을 할 때 주의해야 할 점들을 제시하고자 한다. 실질적이고 효과적인 기독교적 방법들이다.

1 마인드 게임을 조심하라.

　마인드 게임(Mind Game : 상대방의 의중을 자신이 세운 기준에 따라 헤아리려는 숨은 의도 파악 놀이/ 역자 주)이란 무엇인가? 그것은 상대방이 이런 게임을 하고 있다는 것은 물론 자신이 테스트 당하고 있는지 모르는 상태에서 상대방이 나(우리)에게 충성을 하는지 또는 나(우리)를 사랑하는지를 테스트하기 위해 자신의 마음속에서 혼자 하는 게임을 말한다. 이런 의도 파악 장난은 불공평하기에 우리는 이를 전염병 보듯 피해야 하는 것이다.

　예를 들면, 내가 이렇게 생각할 수 있다. "만약 내 딸이 나를 사랑한다면 오늘 오후 2시에 내게 전화를 할거야." 그러나 그것은 불공평하다. 딸은 내가 자기와 통화를 원하며 전화하기를 기다리는지 모르기 때문이다.

　혹은 이렇게 말할 수도 있다. "만약 내 아들이 나를 사랑한다면 오늘 오후 5시까지 제 방을 깨끗이 치워 놓겠지." 이것도 역시 잘못된 생각이 아들은 내가 원하는 것을 알지 못한다. 더구나 자기가 테스트 당하고 있다는 것도 모른다.

어떤 사람이 아주 갑자기 다른 사람을 못마땅하게 여기면서 화를 내거나 상처를 주려고 하는 경우를 본 적이 있는가? 그때는 마치 영화 속으로 들어간 기분이었으리라. 무슨 일이 일어났는가? 자, 어떤 사람이 당신에게 마인드 게임을 걸고 있는데, 당신은 그 사람의 마음을 읽지 못하고 무슨 일이 일어날 것인지도 모른다. 그것은 공평하지 못하다. 당신이 만약 그 분위기를 모른다면 어떻게 대응할 수 있겠는가?

마인드 게임의 어리석음을 보여주는 고전적인 예가 있다. 촛불이 은은하게 비추는 테이블에 단 둘이 앉아 멋진 음악을 들으면서 프랑스식 햄버거를 먹으며 낭만을 즐기기 위해 레스토랑 안에 들어간 젊은 남녀를 상상해 보라. 그들은 예쁘게 마련된 식탁에 앉아 손을 모으고 기도를 한다. 그런데 여자가 너무 배고픈 나머지 얼른 햄버거를 집어 들고 먹기 시작한다.

그러나 남자는 여성이 앉은 쪽에 놓여 있는 케첩에 눈을 돌린다. 그러면서 마인드 게임을 시작한다. 그는 생각하기를 "이 아가씨는 내가 햄버거에 케첩을 넣어 먹는 것을 알면서 왜 내게 케첩을 건네주지 않는거지? 나는 지금 먹지도 못하고 있는데 자기 입에만 처넣는 저 꼴 좀 보게. 나를 사랑한다면 분명 날 생각해서 케첩을 집어주겠지. 아, 난 먹지도 못하고 있는데, 얼마나 있어야 내가 케첩을 필요로 하는 것을 깨닫는지 지켜봐야지!"

먹는 데 열중하던 여성이 갑자기 뿌루퉁한 채 의기소침해 가지고 씩씩거리고 있는 남자를 보았지만 왜 그러는지 알 수는 없었다. 그래서 "자기! 뭐 맘에 안 드는 게 있어?" 하고 묻는다. 남자가 화를 내며 큰 소리로 말한다. "꼭 물어봐야 알겠어?"

이렇게 해서 낭만적인 저녁식사는 엉망진창이 된다. 얼마든지 간단하게 피해 갈 수 있었는데도 말이다.

어떻게? 남자가 "저…… 케첩 좀 내게 줄래? 난 햄버거 먹을 때는 꼭 케첩을 넣거든!" 하고 말만 하면 되는 것이다. 보다시피 그건 아주 간단한 일이고, 기본적인 것이다.

몇 해 전, 심리학자와 인터뷰 중 내가 물었다. "현대 미국에서 가정 생활과 결혼에 최우선의 문제는 무엇입니까?" 지체 없이 나온 그의 대답은 이랬다. "물을 필요도 없지요. 다른 사람에게 자신이 무엇을 생각하고, 원하고, 필요로 하며, 기대하는지를 먼저 이야기하는 것을 수준 낮은 행위라고 여기는 그런 정신 빠진 생각이 가장 큰 문제입니다."

그는 계속하여 말하기를, "놀랍게도, 사람들은 누군가가 우리를 사랑한다면 그들은 당연히 우리의 마음을 읽어야 하며, 우리가 만약에 그것을 먼저 말해야 한다면 그거야말로 수준 낮은 행위라고 생각합니다."

2 잘못된 대명사(호칭) 사용을 조심하라.

여기서 잘못된 대명사라고 하는 것은 손가락으로 가리키며 말하는 '당신(또는 너, You)'이라는 말이며, 바른 대명사는 팔을 펼치고 발음하는 '나(또는 저, I)'라는 말이다. 우리가 손가락으로 상대방을 가리키며 '당신(너)'이라고 말할 때 의사소통은 금방 무너진다. 우리가 손을 펼치고 '나(또는 저, I)'라고 말할 때, 사람들은 잘 듣기 위해 앞으로 기울인다. '당신(또는 너)'이라는 대명사에다가 특별히 '항상'이라든가 '결단코'라는 말이 붙으면('너는 항상' 혹은 '너는 결단코'라는 식으로) 더욱 나빠진다. 그렇게 되면 부정적인 대응이나 보게 될 뿐 진지한 청취나 반응은 얻을 수 없다.

예를 하나 들어 보자. 내가 딸 조디와 함께 타임머신을 타고 그 애가 열여섯 살이던 시절로 돌아가는 것을 가상해 보자. 조디는 오늘 저녁에 마을에서 벌어질 파티에 가려고 한다. 그런데 그 파티는 좀 어수선할 것이라는 소문이 있으며, 딸아이는 아빠인 나도 그 소문을 들었으리라는 것을 알고 있다. 자, 이제 이후에 전개될 두 가지 시나리오를 생각해 보자.

손가락으로 가리키며 '당신'이란 잘못된 표현을 쓴 경우

딸이 들어와 말을 걸어온다. "아빠, 저(I)는 아빠(당신, you)를 잘 알아요, 무엇을 생각하시는지도. 그렇지만 아빠(당신, you)가 뭐라고 말씀하시든지 별 상관은 없어요! 어쨌든 전 그 파티에 갈 거예요. 그러니 아빠는(당신, you) 절 말리지 마세요!" 이때 아버지인 나는 무엇을 할까? 나는 생각하기를, "애를 바로 잡아야지 안 되겠다!" 그리고 나서는 왜 그 파티에 가면 안 되는지를 조목조목 들이댈 것이다.

손을 펼치며 '나(저)'라는 바른 표현을 쓴 경우

딸이 들어와 말을 걸어온다. "아빠, 잠시 의논드릴 게 있어요. 저(I)에게는 아주 중요한 문제인데요, 금요일 날 파티가 있는데 꼭 가고 싶거든요. 저(I)한테는 정말 중요하기 때문에 꼭 가야 할 이유를 말씀드리고 싶어요." 그러면서 조디는 내게 몇 가지 이유를 설명한다.
"저(I)도 요즈음 돌아다니는 소문을 잘 알고 있어요. 그렇지만 저(I)는 어떻게 처신할지 잘 알고 있기 때문에 그곳에 가서 즐겁게 지낼 수 있어요. 우리 가족 모두가 저를 자랑스러워할 수 있도록 처신할 수 있어요." 아버지인 내가 할 일은 딸이 차를 타고 갈 수 있도록 휘발유나 가득 넣어주는 일 말고는 없을 것이다. 딸 아이가 벌써 바른 호칭을 잘 사용하였으니.

참 단순하지만 아주 근본적인 것이다. 우리가 말할 때마다 손가락으로 가리키며 '당신(You)' 이라는 표현을 쓸 때, 의사소통은 무너진다. 그러나 손을 펼치며 '나(I)' 라는 표현을 쓸 때 상대방은 더 잘 듣기 위해 앞으로 기울인다. 당신도 한번 시도해 보라. 그러면 뒤에 벌어지는 일을 보며 놀라고 즐거워할 것이다.

3 저녁식사때 감정적인 허섭스레기를 아무렇게나 내놓는 것을 조심하라.

감정적인 문제를 주고받는 것은 시간과 장소를 가려야 한다. 내 생각에 저녁식사 시간은 바로 그런 것을 주고받는 데 적당하지 않다. 저녁식사 시간은 가족간에 사랑을 나누며 서로 격려하고, 서로 감사하고, 또한 주어진 삶과 사랑을 하나님께 감사하는 시간이다.

초대 교회에서 성만찬은 교회의 온 가족들이 나와서 하나님의 사랑과 선하심을 감사하고, 하나님을 향한 자신들의 사랑과 자기들끼리의 나눔 행위를 함께 경축하였다. 그들은 평화, 기쁨, 감사, 사랑, 그리고 축제의 분위기 안에서 하나님과, 그리고 서로 교제하였다. 크리스천의 가정에서는 매 끼니의 식사가 서로를 공격하는 시간이 아니라 축하의 시간으로서 초대 교회와 같은 성만찬이어야 한다.

그러나 우리는 주로 어떤 일이 일어나는지 잘 안다. 사람들은 저녁식탁에 앉을 때, 숨을 몰아쉬듯 흥분하고 정신없는 분위기로 몰아가면서 식탁에 있는 사람들을 마치 자기의 포로나 되는 것처럼 급소를 겨냥한다.

심리학자인 내 친구가 이것을 생생하게 설명해 주었다. "자네가 가족과 함께 저녁식사를 한다고 생각해 보게. 그때 갑자기 한 사람이 일어나 자리를 떠났다가 쓰레기통을 들고 돌아와서는 식탁 곳곳에 쓰레기를 쏟아놓는다. 그렇게 되면 식욕이 생길 리 없지?"

그런데도 우리는 그처럼 감정적인 허섭스레기를 내놓고 있지 않은가? 우리는 그런 전염병 같은 것을 피해야 한다. 크리스천 가정에서의 저녁식사, 아니 모든 식사시간은 성찬식이 되어야 한다. 그때 비로소 우리를 향한 하나님의 사랑, 하나님을 향한 우리의 사랑, 그리고 서로를 위한 사랑을 축하하며 기뻐할 수 있다.

4 말의 구현을 조심하라.

하나님이 천지를 창조하실 때, 말씀으로 실존을 드러내셨다 : "하나님이 말씀하시기를 '빛이 생겨라' 하시니, 빛이 생겼다(창 1:3)." 많은 것들이 말을 통해 현실로 드러난다. 만약 "나는 너를 안 믿는다."고 오랫동안 말하면 실제로 그렇게 된다. 또 "나는 너를 미워한다."고 되풀이해서 말하면 실제로 그렇게 된다. 우리는 말로 사람들에게 상처를 입힐 수 있다. 말로 사람들을 벌주고 아프게 할 수도 있다. 심지어 말로 사람을 파멸에 이르게 할 수도 있다! 그러므로 말 속에 생각을 담아낼 때는 아주 조심해야 한다.

그러나 동전의 다른 면처럼 좋은 말도 있다 : 우리는 격려의 말, 감사의 말, 친절한 말, 사랑스런 말 같은, 기적을 일으키는 그런 말들을 통해 다른 사람을 돕고, 치유할 수 있다. 요점은 분명하다. 우리는 음성의 근원이 되는 숨(breath)을 갖고 있기 때문에 그 숨을 깨지게 하는 것이 아니라 일으키게 하는 말들을 사용하여야 한다.

5 '처음 4분간'을 잘못 사용하지 않도록 조심하라.

이것은 매우 중요하기 때문에 좀더 분명히 설명해야겠다. '처음 4분간'이라는 개념은 어떤 종류의 만남에서건 처음 4분간이 가장 중요하다는 견해다. 가족, 결혼, 우정, 직장 등 어떤 식이든지 간에 인간관계에는 두 사람 이상이 있게 마련이다. 그들은 함께 있으며, 연합되어 있고, 하나로 묶여 있다. 그러나 직장에 간다든지, 학교에 간다든지, 잠을 잔다든지, 외지로 여행을 간다든지 하느라 서로 헤어질 때가 있고 또 다시 돌아온다.

가장 중요한 시간은 다시 돌아와서의 처음 4분간이다. 인간은 누구나 내면 깊숙한 곳에 불안정한 느낌들을 가지고 있기 때문에, 여기가 정말 내게 맞는 곳일까 의아해 하면서 '관계'를 향해 돌아온다. 나는 여전히 여기서 사랑받는 존재일까? 나는 여전히 받아들여지는 존재일까? 여기가 정말 나를 필요로 하는 자리일까?

우리가 '관계' 안으로 다시 들어올 때, 무의식적으로 확인을 원하고 바란다. 그래서 처음 4분간은 서로를 확인하고, 사랑하고, 서로 등을 두드려주기도 하고, 반갑게 맞아주고, 기쁨을 나누는 시간이어야 한다. 만약 4분간을 이렇게 서로를 확인하며 보내면 아무도 개인적으로 남에게서 공격 받는 느낌을 갖지 않게 된다. 그 뒤에 필요한 문제들을 다룰 수 있다.

자, 그러니 내가 밤늦게 귀가했을 때, 우선 4분간은 나를 사랑해 주고 나서 늦게 귀가한 것에 대해 말하라. 우선 4분간 나를 사랑해 주고 나서 어디에 있었느냐고 물어보라. 우선 4분간 나를 사랑해 주고 나서 강아지가 내 아끼는 램프를 깼다는 이야기를 하라. 우선 4분간 나를 사랑해 주고 나서 마이크 월레스와 '60분'(다양한 이슈를 주제로 대화하는 미국의 TV 공개 프로그램 이름/ 역자 주)의 실무자들이 나와 대화를 나누기 위해 서재에 와 있다는 소식을 전해 주어라! 우선 4분간 나를 먼저 사랑해 주고 나서 세무서에서 온 편지 이야기를 꺼내라!

모든 사람이 다 그렇다. 우리 모두는 사랑과 확인을 위해 4분간을 필요로 한다. 어린이도, 주부도, 친구도, 동업자도, 모든 사람은 자신이 격려 받고 받아들여지기 위해 바로 그 '4분'을 필요로 한다. 매우 중요한 것이니만큼 이번 주에 시작해 보라. 아주 놀라운 경험이 될 것이다.

6 하나님과 교회를 소홀히 여기지 말라.

의사소통에 대하여 내가 알고 싶어하는 만큼 거의 알지는 못하지만 내가 조금이라도 알고 있는 것은 교회에서 배운 것이다!

의사소통을 잘 하기 위해 갖출 것은 무엇인가? 사랑, 존경, 신중함, 인내, 부드러움, 연민, 공감, 감사, 노력, 위탁…… 이처럼 위대한 자질 등에 관해 조금이라도 아는 것이 내가 교회에서 하나님께 배운 것이다.

요한복음 앞머리에서는 예수를 하나님의 말씀이라고 칭하고 있다. 그것은 무슨 뜻일까? 단순하게 보면 이렇다. 그분은 우리를 위해 사람이란 틀을 입은 하나님의 생각이며, 하나님의 계획이며, 하나님의 진리다. 하나님의 말씀이 육신으로 오셔서 우리 가운데 사셨다. 그분은 하나님이 어떤 분인지, 그리고 하나님께서는 우리가 어떻게 되기를 원하시는지를 보여주기 위해 오셨다. 그러기에 예수는 의사소통을 위한 잣대다. 그분은 양식이며, 본보기이며, 실례이고, 청사진이다. 그리고 예수께서 말씀하셨을 때 사람들은 하나님을 보고, 듣고, 느꼈다.

그것이 바로 우리가 받은 소명이 아니던가? 우리의 연약한 말과 행동을 통해서 사람들이 하나님의 영원한 말씀을 듣고 느낄 수 있도록 말하는 것이 바로 우리의 소명이다. 그 말은 미움과 적대감의 언어가 아니며, 격정과 잔인함의 용어도 아니고, 질투나 복수 혹은 자기연민의 언어가 아닌, 생명의 말씀으로 그리고 사랑의 말씀으로 말하는 것, 그것이다!

 **의사소통을 할 때 주의해야 할 점**

1. 마인드 게임을 조심하라.
2. 잘못된 대명사(호칭) 사용을 조심하라.
3. 저녁식사때 감정적인 허섭스레기를 아무렇게나 내놓는 것을 조심하라.
4. 말의 구현을 조심하라.
5. '처음 4분간'을 잘못 사용하지 않도록 조심하라.
6. 하나님과 교회를 소홀히 여기지 말라.

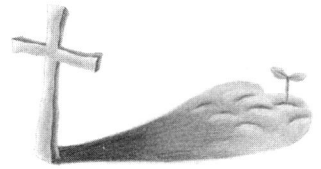

제 4 장 스트레스와 '나 중심주의'

"어떤 부자가 있었는데, 그는 자색 옷과 고운 베옷을 입고, 날마다 즐겁고 호화롭게 살았다. 그런데 그 집 대문 앞에는 나사로라 하는 거지 하나가 헌데 투성이 몸으로 누워서, 그 부자의 상에서 떨어지는 부스러기로 배를 채우려고 하였다. 개들까지도 와서, 그의 헌데를 핥았다. 그러다가, 그 거지는 죽어서 천사들에게 이끌려 가서 아브라함의 품에 안기었고, 그 부자도 죽어서 묻히었다. 부자가 지옥에서 고통을 당하다가 눈을 들어서 보니, 멀리 아브라함이 보이고, 그의 품에 나사로가 있었다. 그래서 그가 소리를 질러 말하기를 '아브라함 조상님, 나를 불쌍히 여겨 주십시오. 나사로를 보내서, 그 손가락 끝에 물을 찍어서 내 혀를 시원하게 하도록 하여 주십시오. 나는 이 불 속에서 몹시 고통을 당하고 있습니다.' 하였다. 그러나 아브라함이 말하였다. '얘야, 되돌아 보아라. 네가 살아있을 동안에 너는 온갖 호사를 다 누렸지만, 나사로는 온갖 괴로움을 다 겪었다. 그래서 그는 지금 여기서 위로를 받고, 너는 고통을 받는다. 그뿐만 아니라, 우리와 너희 사이에는 큰 구렁텅이가 가로 놓여 있어서, 여기에서 너희에게로 건너가고자 해도 갈 수 없고, 거기에서 우리에게로 건너올 수도 없다.' 부자가 말하였다. '조상님, 소원입니다. 그를 내 아버지 집으로 보내주십시오. 나는 형제가 다섯이나 있습니다. 제발 나사로가 가서 그들에게 경고하여, 그들만은 고통 받는 이곳에 오지 않게 하여 주십시오.' 그러나 아브라함이 말하였다. '그들에게는 모세와 예언자들이 있으니, 그들의 말을 들어야 한다.' 부자는 대답하였다. '아닙니다. 아브라함 조상님, 죽은 사람들 가운데서 누가 살아나서 그들에게로 가야만, 그들이 회개할 것입니다.' 아브라함이 그에게 대답하였다. '그들이 모세와 예언자들의 말을 듣지 않는다면, 죽은 사람들 가운데서 누가 살아난다고 해도, 그들은 믿지 않을 것이다.'" (누가복음 16:19~31)

스트레스와 '나 중심주의'

　남을 돌아보는 것보다 더 값진 것, 즉 돌보기가 아닌 다른 것이 있다. 그것은 다른 사람에 대한 사랑이다. 다른 사람에 대한 사랑은 참으로 엄격한 명령이며, 그것 말고 대안이 있다면 죽음 같은 것이다. 우리가 활발하고 친절하게 서로를 보살피는 것만큼 하나님을 기쁘시게 하는 것은 없다. 반면에 우리가 이기적이고, 냉담하고, 무감각하고, 남을 돌보지 않는 것만큼 하나님의 마음을 상하게 하는 것도 없다.

　우리 모두는 하나님께 책임 있는 존재라는 점을 성경은 분명하게 보여준다. 우리는 한 번쯤 그것을 무시하거나 잊거나 혹은 벗어나기를 바랄지도 모른다. 그러나 결국 우리 모두는 하나님께 대답하여야 한다. 하나님 앞에 서서 각자의 삶에 대해 말해야 한다. 그런데 예수님은 이 심판의 자리에서 받는 중요한 질문이 '네 이웃을 어떻게 대했는가?' 로 아주 단순하다는 것을 반복해서 가르쳐주신다. 말하자면 '너는 다른 사람들을 어떻게 취급했는가' 하는 물음이다. 그것이 바로 하나님께서 우리에게 묻고자 하시는 질문이다.

　마태복음 25장에 있는 '최후의 심판' 비유가 이것을 보여준다. 어떤 사람들은 오른편에 어떤 사람들은 왼편에 있으며, 어떤 사람들은 큰

복을 받고 어떤 사람들은 제외된다. 왜? 그들 두 종류의 사람들 사이의 거리는 그리 큰 것은 아니지만 그들의 운명은 완전히 동떨어져 있다.

여기서 예수님의 설명을 보자. 비유 속에 있는 양쪽의 사람들 간에 운명의 차이는 아주 작은 사랑, 아주 작은 자선행위, 아주 작은 돌봄의 행위가 원인이 되었다 : 배고픈 사람에게 빵 한 조각을, 헐벗은 사람에게 옷을, 목마른 사람에게 물 한 모금을, 낯선 이에게 친절을, 병석이나 감옥에 있는 사람을 방문하는 행위같이, 자기 자신을 남에게 주는 바로 그 작은 행동들, 그게 전부다. 돌봄을 위한 그 같은 기회들을 우리가 어떻게 다루느냐에 따라 우리가 살아온 여정에 차이가 드러난다.

탕자의 비유에서도 볼 수 있다. 자기 동생을 기꺼이 사랑하지 않은 큰아들의 행동은 스스로를 아버지가 베푼 잔치에 참석할 수 없게 만들었다. 당신은 당신의 이웃을 어떻게 대하였는가? 이것이 바로 하나님 앞에서 우리가 의무적으로 대답해야 할 질문이다. 그것이 바로 언젠가, 어디선가 우리의 삶을 심판하고 저울질할 질문이다.

이러한 기사를 누가복음 16장에 있는 부자와 거지 나사로에 관한 생생한 비유에서 다시 볼 수 있다. 이 비유는 천당과 지옥이라는 지리적인 서술이 아니라는 점에 주목해야 한다. 그것은 드라마다! 마치 두 개의 막으로 이루어진 단막극 같은 것이다.

제 1막은 기품 있고 멋진 식당에서 시작된다. 식탁은 음식이 가득 담긴 접시들로 가득하고 은촛대의 촛불들이 멋을 더한다. 화려하고 고급스런 자색 옷을 입은 부자가 거기 앉아서 욕심껏 먹어대며 기쁨을 만끽하고 있다, 아픔과 배고픔이 있을지도 모를 대문 밖 세상에 대해서는 관심도 없고 알려고도 하지 않은 채. 그는 그저 그렇게 먹으면서 매일을 살아가고 있다.

대문 밖에는 불쌍한 거지가 자리잡고 있는데 그의 피부는 헐고 눈은 푹 들어간, 비극적이고 비참한 몰골이다. 그의 이름은 나사로. 길거리의 개들이 그의 주변을 기웃거리며 상처난 피부를 핥지만, 쫓아버릴 수도 없을 만큼 허약하다. 나사로는 부자의 식탁에서 던져질 빵 조각을 기다리고 있는 중이다.

학자들에 따르면 당시에는 냅킨이 없었기 때문에 사람들이 식사를 마치면 부드럽고 얇은 빵 조각으로 입가나 턱, 그리고 손을 닦은 후 버렸다고 한다. 바로 그 부자의 식탁에서 던져질 빵을 나사로는 기다리고 있었던 것이다.

이어서 제 2막이 열린다. 이제 식탁은 바뀌고, 역할도 완전히 뒤바뀌었다. 가난뱅이 거지 나사로는 하늘에서 안락하게 앉아 있고, 부자는 지옥에서 고통 가운데 있다. 부자는 죽은 사람들의 세계에서 지상에 내려가 자기의 다섯 형제들에게 이기직인 삶을 계속하면 위험하다고 경고하는 기적의 전령으로 나사로를 보내줄 것을 간청한다. 그러나 지상에 있는 형제들에게는 모세와 선지자들이 있으니 형제들이 그들에게 주의를 기울이지 않는다면 죽었다가 다시 살아난 어떤 사람도 믿지 않을 것이라는 대답만 들었을 뿐이다.

그 선언과 함께 막이 내리고 연극은 끝난다. 이 연극은 무엇을 의미하는가? 우리는 이것을 어떻게 생각하는가? 이것으로부터 무엇을 배울 수 있는가? 예수께서 가르치려고 하시는 것은 무엇인가? 부자가 되는 것은 나쁘다는 뜻인가? 물론 아니다. 그런 결론에 이른다면 우리는 요점을 놓친 것이다. 부자의 죄는 부유함에 있는 것이 아니라 (남에게) 관심을 두지 않은 것에 있다. 그의 죄는 맹목적인 자기 중심성이다. 또한 그의 죄는 오만함과 태연한 무감동이다. 어떤 시인은 그것을 이렇게 읊었다. "부자는 자신을 감옥에 보낼 만큼 나쁜 짓을 하지 않았으나, 그가 하지 못한 일 때문에 자신을 지옥에 가게 했다."

　이것은 우리 시대와 엄청난 관련이 있는 비유다. 왜냐하면 '나 중심주의'라고 불리는 그 안에 '부자 증후군'이 극적으로 자리 잡고 있기 때문이다. 서점에 가서, 인간의 삶에서 최고의 쾌락, 힘, 그리고 개인적인 만족감을 얻는 데 필요한 테크닉을 제시하는 책들(대부분 베스트셀러 목록에 올라 있다)을 살펴보라. 이러한 수많은 책들의 주제는 개인적 쾌락과 최고의 자리 추구, 혹은 협박의 힘 등을 내용으로 삼는 '나 중심주의(Me-ism)'이다. 부자 증후군은 여전히 우리 곁에서 이기적 삶의 가치를 부추기고 있다.

　큰 극장의 안내원 모집에 응모한 청년의 이야기를 읽은 적이 있다. 입사 면접을 하는 자리에서 매니저가 청년에게 물었다. "만약 극장에 불이 난다면 당신은 어떻게 하시겠습니까?" 그러자 청년이 다음과 같이 대답했다. "네 선생님, 제 걱정하실 필요는 없습니다. 저는 위기상황에서 어찌 해야 할지 잘 알고 있거든요. 아마 제가 여기서 제일 먼저 뛰쳐나갈 겁니다!"

　1988년 올림픽 경기 중계를 맡았던 NBC 방송국에서 다른 프로그램 중에 이런 내용이 있었다. "이번 올림픽 경기에 출전한 선수들 중에 당신에게 가장 감동을 안겨준 인상 깊은 선수는 누구입니까?"라고 선수들에게 질문하였다. 어떤 사람들은 그레그 루가니스를, 어떤 사람들은 포비 밀스를, 또 다른 사람들은 에블린 애쉬포드, 에드윈 모시스, 플로렌스 그리피스 조이너, 혹은 칼 루이스라고 대답했다. 그러나 한 권투선수는 (말을 그대로 옮기면) "솔직히 말해서 저는 저 자신을 추천하고 싶습니다!" 하고 말했다. 자기만을 중심에 둔 부자 증후군은 여전히 우리 속에

붙어 다닌다. 아, 얼마나 편협하고, 제한적이고, 스트레스 쌓이는 삶의 방식인가!

　비유에 나온 부자의 삶의 방식은 제한적이다. 그는 담장으로 둘러싸여 있으며 자신의 이기심 때문에 밖의 세계로부터 단절되었다. 즉 제한된 시야(vision)와 제한된 믿음, 그리고 제한된 사랑을 가진 사람이었다. 이 각각의 문제들을 더 생각해 보자.

1 부자는 제한된 시야를 가졌다.

　부자가 악한 사람이었다는 기록은 없다. 더구나 악덕행위를 열거한 것도 없다. 나사로에게 무슨 잔혹한 짓을 하였는가? 아니다. 부자의 죄는 나사로를 바라보는 것조차 하지 않았다는 데 있다. 그에게 있어 나사로는 세상 풍경의 다른 한쪽에 불과했다. 그러니 나사로의 울음소리를 들을 리 없고, 고통이나 비참한 처지를 보지도 않았다. 그 부자는 제한적인 시각을 가졌다.

　로버트 레인즈는 그의 책 「기독교적 삶의 새 모습」에서 이 이야기를 생동감 있게 그렸다.

　　지옥이란 전적으로 이기심에 몰두하는 것이다. 지옥이란 은혜의 말씀에 대하여 귀머거리가 된 상태이며, 하나님의 임재에 대하여는 눈이 먼 상태이며, 다른 사람들 속에 하나님의 형상이 깃들여 있는 것을 알지 못하는 상태. 지옥이란, 삶의 미각이 둔해져서 살아가는 데 필요한 자극도 활기도 없는 상태, 그러므로 거기서 더 이상 삶의 향기에 취하거나 청량제 같은 성령의 부드러운 미풍을 들이마시지도 못하는 그런 상태다. 지옥이란 사랑이 깃든 곳에 살면서도 그것을 모르고, 느끼지도 못하며, 사랑으로 따뜻해지지도 못한 채 사는 것이다. 그것은 큰아들이 아버지의 사랑에 대해서는 무감각한 채 아버지의 집에 사는 것(누가복음 15장)과 같다. 지옥은 하나님의 세계, 하나님의 백성, 그리고 자기 자신 안에 있는 하나님의 실재를 모르는(영적으로 눈이 먼) 것이며, 삶의 문을 굳게 닫고 자기 자신의 어둠 속에 머무는 것이다.

제 나름의 고상한 생활방식에 눈이 먼 채, 부자는 가슴으로 (세상을) 보는 방법을 잊어버렸다. 이것은 익숙한 소리인가? 우리에게도 일어날 수 있는가? 이것이 바로 교회가 확대 프로그램을 해야 할 이유다. 우리는 결단코 '살진 고양이'가 돼서는 안 된다. 우리는 결단코 귀족적인 교회가 돼서는 안 된다. 이 지구상에 상처를 입거나 굶주리거나 아프거나 글도 못 읽는 사람이 있는 한 우리는 세상을 메마른 눈으로 바라보아서는 안 된다.

얼마 전, 한 노숙자를 도와주기 위해서 그에게 물었다. "이렇게 사시면서 제일 어려운 것이 무엇입니까?" 으레 먹을 것과 잠잘 곳을 구하는 것이 가장 어렵다고 대답할 줄 알았는데 그의 대답은 달랐다. "가장 어려운 것은 사람들이 나를 쳐다보지 않으려 하는 것입니다."

세계는 우리의 교구다! 세계는 우리의 대문 밖 계단에 있는 나사로다. 우리는 지역사회나 세계 속에서 도움을 필요로 하는 사람들을 동정심을 갖고 바라보며 도움의 손길을 내밀어야 한다.

생텍쥐페리는 그의 책 「어린 왕자」에서 이렇게 묘사하고 있다. "오직 가슴으로 볼 때만 올바로 볼 수 있다 : 진짜 중요한 것은 눈으로는 볼 수 없으니까." 그것이 바로 부자가 지닌 문제의 한 부분이다. 그는 제한된 시야를 가졌다. 그는 도움을 필요로 하는 이들을 보는 눈을 감았으며, 가슴으로 보는 것을 멈췄다. 그는 더 이상 나사로를 보지 않았다. 당신에게 묻는다. 지금 당신의 시야는 어떤가? 당신은 다른 사람들을 가슴으로 볼 수 있는가? 부자는 그렇지 못했으며 그것이 그의 문제였다. 그는 제한된 시야를 가지고 있었다.

2 부자는 제한된 믿음을 가지고 있었다.

부자의 믿음을 제한하는 것은 과다소유, 변명, 그리고 알리바이였다. "아, 그것은 정말로 하나님의 실수야. 만약 하나님께서 미리 암시를 주시고, 기적을 보여주셨다면 내가 믿었을 것 아닌가." 부자는 그렇게 생각했다.

언젠가 주간 「뉴욕 타임즈」(New York Times)는 '교묘한 알리바이들'이라는 흥미 있는 기사를 실은 적이 있다. 뻔한 핑계가 담긴 뉴스 기사를 모은 것인데, 대부분 자기들이 저지른 그릇된 행위를 정당화하려고 내민 것들이었다. 몇 가지 교묘한 알리바이를 보면,

12달러짜리 스테이크용 고기를 훔친 플로리다 주 포트 마이어에 사는 한 남자는 "식당사업에 진출하기 위해서"라고 변명하였다.
집행유예 상태에 있으면서도 보호관찰관에게 보고서를 내지 않은 테네시 주 녹스빌에 사는 한 남자는 "집에 있는 아이들이 보고서 용지로 종이 인형을 만들어버렸기 때문에 못했습니다."라고 변명하였다.
토론토에 사는 사나이가 폭력 혐의를 부인하면서 한 변명은, "난 그 사람이 내 친척인 줄 알았는데요."였다.
자기 차 뒷자리에 훔친 송아지를 싣고 집으로 갔다가 절도죄로 잡힌 매사추세츠 주 브라이튼에 사는 사나이는, "왜냐고요? 난 그 송아지가 어떻게 해서 내 차에 탔는지를 모릅니다."고 말했다.

몰핀 네 상자를 불법으로 가지고 있다가 구속된 네바다 주 라스베가스의 한 사나이는 경찰에게 이렇게 말했다. "신학교에 들어갈 돈을 마련하기 위해 그것을 팔려고 했을 뿐입니다."

이 기사의 마지막은 "알리바이란 요리된 변명이다. 그렇지만 그것은 언제나 절반만 익은 것이다."라는 말로 맺었다. 부자는 제한된 믿음을 지니고 있었는데 그것은 그가 '교묘한 알리바이'를 가졌기 때문이었다. 절반만 익은 요리 같은 변명 : "만약 하나님께서 내게 기적을 보여주셨더라면 나는 믿을 수 있었을 텐데!"

지금 지옥에 있는 부자가 생각하는 유일한 희망은 세상에 남아 있는 형제들에게 죽은 자 가운데서 전령이 찾아가는 것이다. 이런 종류의 천박한 신앙 접근태도는 오랫동안 널리 퍼져왔다. 사람들은 거듭 거듭 예수님에게 말했다 : "우리에게 징표를 보여주시오!", "기적을 일으켜 우리를 기쁘게 해주시오!", "우리 구미에 맞는 구세주가 되어주시오!", "당신이 정말 그리스도라면 십자가에서 내려오시오. 그러면 믿겠소!"

하나님은 손발이 닿는 곳보다 가까이, 들이쉬는 숨보다 가까이 계신 것이 사실인데 우리는 하나님을 엉뚱한(낯설고, 유별나고, 기묘한) 곳에서 찾는다. 엘리자벳 브라우닝(Elizabeth B. Browning)은 그의 글 속에 이렇게 표현했다 : "육지는 하늘로 가득 찼다. 그리고 흔히 보이는 모든 덤불은 하나님으로 불타는데, 단지 그것을 보는 사람만이 신발을 벗을 뿐, 나머지 사람들은 둘러 앉아 검은 딸기만 딴다."

우리는 하늘에 쓰여진 글씨를 보지 못하며, 죽은 자로부터 오는 유령을 보지 못하며, 우주적인 기적들을 보지 못하고, 하늘로부터 번쩍이는 번갯불을 보지 못한다. 하지만 당신이 정말 그런 것들에 대한 생각을 멈출 때, 하나님은 정말로 우리에게 특별한 징조를 보여주신다. 하나님께서는 그 징조를, 그 메시지를 사람의 모습 속에 두었다. "여기 있다! 이 것이 바로 너희들이 닮기 원하는 모습이다! 너희들이 이렇게 행동하기를 원하는 것이다! 이것이 나의 메시지이자 너희의 구원자다!" 예수께서는 풍요로운 삶, 성숙한 믿음에 이르는 길을 보여주신다. 그러나 부자는 제한된 시야와 제한된 믿음을 가졌기 때문에 그것을 놓쳤다.

3 부자는 제한된 사랑을 가졌다.

부자는 그의 가족과 친구들을 사랑했다. 자기에게 사랑을 돌려주는 사람들을 사랑했고, 자기를 위해 무엇인가 해줄 수 있는 사람들을 사랑했다. 그러나 그의 사랑은 제한적이며, 배타적이고, 계산적이었다. 그는 그 사랑을 조금씩 배분하여 선택된 소수의 사람에게 주었다. 그는 나사로를 사랑하지 않았다. 가난한 사람, 도움이 필요한 사람, 비천한 사람, 소외된 사람을 사랑하지 않았다. 그리고 지기의 다른 사람들을 사랑하지 않았다. 얼마나 슬픈 일인가.

금세기에 가장 두드러지고 사랑받은 사람은 가톨릭 수녀, 마더 테레사다. 그녀는 나병환자들의 거주지 안에 있는 '가난하고 죽어가는 이들을 위한 집(The Home for the Destitute and Dying)'에 자신의 전 생애를 바쳤다. 마더 테레사는 자비롭고 무조건적인 사랑의 삶으로 유명해졌다. 때때로 그 집에 사는 사람들이 무언가를 요구하고 귀찮게 하고 거칠게 굴어도 그녀는 나무라는 대신 계속해서 사랑을 베풀었다.

그녀는 다른 사람을 용서하고 이해하고 돌보는 힘을 얻는 매력적인 비결을 하나 가지고 있었는데 그 비결은 우리도 잘 할 수 있는 것이다. 그녀는 수용자들 모두가 실제로는 변장하신 예수님이라고 가정하는 영적 게임을 만들었다. 그리고 그녀는 매일 기도로 하루를 시작했는데 그

제목은 "예수님, 나의 환자여"였다. 그 속에는 아주 능력 있는 말들이 담겨 있다.

> 사랑하는 주님, 오늘만 아니라 날마다 당신의 환자들 속에서
> 당신을 뵙게 하시며,
> 그들을 간호하는 동안 당신을 섬기게 하소서.
> 당신께서 화내고, 달라고 떼쓰고,
> 터무니없이 구는 사람들같이 매력 없는 사람으로 위장하셨더라도,
> 그 속에서 당신을 알아보고 이렇게 기도하게 하소서.
> "나의 환자이신 예수님, 당신을 섬기는 것이 얼마나 달콤한지요."
> 주님, 이렇게 보는 믿음을 주시면
> 저의 사역이 결코 지루하지 않을 것입니다.
> 저는 영원히 환상을 즐기며 기쁨을 찾고
> 또 가난하고 고통 받는 이들의 소원을 들어줄 수 있을 것입니다.
> 오! 사랑하는 환우여,
> 당신은 내게 곱절의 사랑이요, 당신이 그리스도의 화신이기에
> 내가 당신께 필요한 존재가 된다는 것은 큰 특권입니다....... 아멘.
> (Malcolm Muggeridge 지음, 「하나님께 기쁜 것들」에서)

참으로 훌륭한 기도고 위대한 정신 아닌가? 만약 당신이나 내가 매일 그 같은 영적 게임을 하면서 살 수 있다면, 만약 우리가 만나는 모든 사람을 예수 그리스도가 변장한 것으로 여기며 관계할 수 있다면, 우리의 삶은 영원히 변화할 것이고 우리의 세계 또한 바로 설 것이다. 그것은 스트레스가 많아 어려운 상황을 하나님을 섬길 수 있는 특별한 기회로 변화시킬 것이다.

# 나 중심주의의 문제점

1. 제한된 시야를 가졌다.
2. 제한된 믿음을 가졌다.
3. 제한된 사랑을 가졌다.

제 5 장 스트레스와 무거운 짐

예수께서 안식일에 회당에서 가르치고 계셨다. 그런데 거기에 열여덟 해 동안이나 병마에 시달리고 있는 여자가 있었는데, 그는 허리가 굽어 있어서, 몸을 조금도 펼 수 없었다. 예수께서는 이 여자를 보시고, 가까이 불러서 말씀하시기를, "여자야, 너는 병에서 풀려났다" 하시고, 그 여자에게 손을 얹으셨다. 그러자 그 여자는 곧 허리를 펴고, 하나님께 영광을 돌렸다. 그런데 회당장은, 예수께서 안식일에 병을 고치신 것에 분개하여 무리에게 말하였다. "일을 해야 할 날이 엿새가 있으니, 엿새 가운데서 어느 날에든지 와서, 고침을 받으시오. 그러나 안식일에는 그렇게 하지 마시오." 주님께서 그에게 대답하셨다. "너희 위선자들아, 너희는 저마다 안식일에도 소나 나귀를 외양간에서 풀어내어, 끌고 나가서 물을 먹이지 않느냐? 그렇다면, 아브라함의 딸인 이 여자가 열여덟 해 동안이나 사탄에게 매여 있었으니, 안식일에라도 이 매임을 풀어주어야 하지 않겠느냐?" 예수께서 이 말씀을 하시니, 그를 반대하던 사람들은 부끄러워하였고, 무리는 모두 예수께서 하신 모든 영광스러운 일을 두고 기뻐하였다. (누가복음 13:10~17)

스트레스와 무거운 짐

몇 해 전 나는 아들 제프와 함께 햄버거를 사러 패스트푸드 식당에 갔다. 주문한 음식을 들고 밖으로 나와 주차장으로 가서, 차에 오르다가 그만 허리에 이상을 느꼈다. 척추가 삐끗한 것이다. 허리를 전혀 펼 수가 없었고 엄청나게 고통스러웠다. 나는 움직이는 것도, 숨쉬는 것도, 웃는 것도 어려운 고통에 빠져 버렸다. 척추가 아파 고생해 본 경험이 있다면 당신은 지금 내가 무엇을 말하고 있는지 잘 알 것이다.

아들 제프가 집까지 운전을 하고 와서 나를 차에서 내려 현관까지 부축하여 가는데 10여 미터밖에 안 되는 그 짧은 거리가 고통스러운 순례길이나 되듯이 자그마치 15분이나 걸렸다. 비틀거리며 간신히 현관 앞에 다다랐을 때는, 아픔이 너무 심해서 말 그대로 문지방을 한 발짝도 넘어설 수 없었다. 그래서 제프가 내 옆에서 나와 똑같은 모습으로 허리를 숙이고 내가 엎드려서 집안에 들어가도록 도와주었다.

그렇게 해서 문지방을 넘을 때 나의 반은 안에 반은 밖에, 즉 내 상체는 집 안에 있고 다리는 여전히 밖에 있었다. 제프가 내 다리를 높이 들어 올려 내 방향을 돌리고 관절을 이용하여 나를 안으로 끌어들였다.

바로 그 순간 자동차 경적 소리가 들렸다. 이웃에 사는 몇 사람이

제프가 문 앞에서 내 다리를 끌어들이고 있는 것을 보며 지나가는 것이었다. 쉽게 상상이 되겠지만 소문은 순식간에 퍼져 갔다. 그 일 후, 나는 척추 때문에 고생하는 사람들을 깊이 동정하게 되었다.

　누가복음 13장에는 심각한 척추 문제를 가진 여인에 관한 흥미 있는 이야기가 있다. 그 기사는 그리 자세한 내용을 담고 있지는 않다. 관절염을 앓았을까? 아니면 척추가 휜 것인가? 그것도 아니면 근육통? 그러면 원인은, 늙은 나이 탓일까? 혹시 제때 치료받지 못한 등허리 상처의 후유증일까? 궁핍하게 살다 보니 그랬을까? 그런 병을 얻기 몇 해 전에는 어떤 일이 있었을까?

　하여튼 잘 모르기는 하지만, 저자가 전해 준 것은 그 여인이 18년간이나 고통을 받고 있으며, '스스로 펴지 못할 만큼 앞으로 굽었다'는 점이다. 짐작컨대 18년이나 되었으니 그런 형편으로 사는 것이 그 여인에게 당연하게 여겨졌으리라. 이웃 사람들은 그 여인이 고통스럽게 길거리로 내려가는 모습을 보는 것에 익숙해 있었다. 먼 거리에서도 그 여인을 쉽게 알아 보았다. 지난 18년 동안, 그 여인은 허리가 굽은 몸으로 수십 리 굽이 길을 걸어왔다.

　아무도 그 여인에게 관심을 갖지 않았지만 예수께서는 회당 안에 있는 그에게 눈길을 주셨다. 그 여인은 오랫동안 회당 풍경의 일부분이 되어 있었고, 사람들 또한 등이 굽은 여자 하나가 거기 있다는 것을 그저 예사로 여겼다. 그날은 안식일이어서 사람들이 관례에 따라 모였다. 그런 날이면 으레 소년들을 비롯하여 남자들은 앞자리를 차지했으며, 여자들은 회당의 뒤편에만 앉을 수 있었는데 거기는 앞에서 일어나는 일들을 보거나 듣기에 불편한 곳이었으며 특히 등이 굽은 사람에겐 더욱 그랬다.

　그러나 그 여인은 그런 방법이라도 좋아했던 것 같다. 18년이나 흘

렀음에도 불구하고, 사람이 자신의 신체가 불구이거나 장애가 있다는 것에 대한 자의식을 가질 수 있을까. 그 여인은 예배의 주요한 참석자 중 한 사람은 아니었지만, 단지 그 자리에 있는 것만으로도 감사하는 믿음의 소유자였다.

그런데 예수께서 그 여인을 보셨다. 아, 얼마나 지각이 뛰어난 분이신가! 그분의 눈은 아주 민첩하게, 군중 속에서 가장 외롭고 가장 도움을 필요로 하는 사람을 찾아낼 수 있었다. 회당 안은 덩치 큰 남자들로 가득 찼을 테지만 예수께서는 사람들 틈에 반쯤 가려져 있는 구부정한 여인을 보셨으리라. 사랑과 동정심, 권세와 위엄을 갖춘 음성으로 그 여인을 불러내셨다 : "너는 병에서 풀려났다. 그 동안 구부정한 모습으로 살아온 것으로 족하다. 이제 펼 때가 되었다. 곧게 일어서거라!"

그러시면서 예수께서는 사랑의 손길, 격려의 손길, 치료의 손길로 부드럽게 그 여인을 만지셨다. 그러자 여인은 즉시 곧게 일어나서는 하나님을 찬양히기 시작히었디. 예수께서 그 여인에게 똑바로 서라고 말씀하신 것은 충격이었다. 여인은 오로지 그대로 하였다! 그는 그렇게 할 수 있을지에 대해 의논하거나 논쟁하거나 이상하게 여기지 않았다. 단지 예수께서 하신 일에 대해 순진하게 반응했다. 거기서 어떤 일이 있었는지 설명할 수는 없지만 어쨌든 그 여인은 치유되었으며, 온전하게 되었고, 똑바로 일어섰고, 구부정하던 날들은 그걸로 끝이 났다.

그리고 사람들은 그 이후 죽 행복하게 살았다. 이것이 이야기의 끝이다. 맞는가? 아니다. 정말 그렇지 않았다. 만약 회당 안에 있던 모든 사람들이 기뻐하면서 그 여인을 축하하기 위해 부산하게 움직였다면 얼마나 좋았을까마는 그런 일은 일어나지 않았다. 자주 그렇듯이, 거기에는 누군가 언짢은 조짐을 보이는 사람이 있었다. 이 경우, 흥을 깨는 사람은 다름 아닌 회당장이었는데, 그는 스스로 근엄한 모습을 띠며 율법의 감시자를 자처하는 사람이었다. 그는 모든 'T'자는 엇갈린 것이며, 모든 'I'자는 점이라고 확신하고 싶어하는 사람이다. 그는 사람들에게 율법을 상기시키는 것이 자신의 의무라고 느꼈다.

누가복음 13장은 그가 "예수께서 안식일에 병을 고친 것 때문에 분개하였다."고 말한다. 그래서 그는 율법을 들어 예수와 그 여인에게 지시하였다 : "자, 보시오. 치료받을 수 있는 날이 엿새나 있으니 그날들 중에 오시고 안식일에는 하지 마시오. 안식일에 병을 고치는 것은 법에 어긋납니다."

그러나 예수께서 반박하셨다. 그런 태도는 위선이라고 하시면서 독실한 사람들조차 안식일에 자기들의 양떼를 돌본다는 사실을 지적하셨다. 그렇다면 등 굽은 이 여인을 고치는 것은 왜 안 되는가? 18년이란 기간은 등이 굽은 채로 지내기에 길고도 충분하지 않은가. 그 여자는 하루라도 더 기다릴 수 없었다.

이것은 아주 위대한 이야기가 아닌가? 그 이야기에는 모든 것 - 고통과 치유, 율법과 은총, 나쁜 소식과 좋은 소식, 교만과 겸손, 형식주의와 사랑, 문제와 해결 - 이 담겨 있다. 이 이야기가 우리에게 중요한 까닭은 우리 모두가 본래 모습을 잃고 구부정하게 될 수 있는 아주 많은 사항들이 거기에 담겨 있기 때문이다. 우리는 죄와 불안, 두려움과 걱정, 버거운 짐과 책임 같은 것들로 인하여 구부정해질 수 있다. 이것이 의미하는 바가 무엇인지 더 살펴보자.

1 우리나라가 구부정한 모습의 국가가 될 수 있다.

맞는 말이다. 모든 나라들이 기역자로 굽은 모습이 될 수 있으며 역사가 그것을 실감나게 보여준다. 내 생각에 미국은 지구상에서 매우 위대한 나라며, 역사적으로도 위대한 나라지만 요즘은 지금까지 직면한 적이 없는 가장 위험한 문제, 파멸을 향하여 무릎 꿇게 하는 그런 문제에 직면하고 있다. 너무 은밀하고도 파괴적이라서 미국을, 그리고 전 세계를 산산이 찢어 놓을 듯이 위협하는 악과 마주하고 있다.

내가 여기서 이야기하는 것은 약 문제, 바로 약의 남용문제다. 불법 약품들이 한 국가를 통째로 뒤틀리게 만들고 있다. 오늘날 미국 내 범죄의 85퍼센트가 마약과 관련 있다는 것을 알고 있는가? 85퍼센트나 된다니! 지난 4년간 범죄율이 배로 증가하였는데 대부분 마약 때문이었다. 마약 때문에 국가가 쓰는 비용이 약 3,000억 달러나 된다. 사람들이 살아가는 데 필요한 비용을 말하는 것이 아니다!

현재 미국에서 처음 마약을 복용하는 평균 나이가 열한 살이라고 한다. 지구상에서 불법 약품의 요구와 수요가 가장 많은 곳도 미국이라고 한다. 악이 승리하기 위해서 가장 필요한 충분조건은 바로 선한 사람들이 아무것도 하지 않는 것이다. 마약문제는 한 국가로서의 미국 모습을 허리가 구부러지듯 일그러지게 하고 있다. 만약 오늘 주께서 우리들에게 말씀하신다면, 이렇게 말씀하시지 않겠는가. "허리를 펴라! 허리를 펴라! 그런 모습은 이만큼으로 충분하다! 마약을 향해서는 '아니다' 하고, 믿음을 향해서는 '그렇다' 하고 말하라!"

몇 해 전, 애틀랜타의 공터에 커다란 간판이 하나 있었는데 거기에는 이렇게 적혀 있었다 : "하나님이 기뻐하시는(God Willing) 아본데일 교회의 미래의 터전" 그런데 어떤 사람이 그 밑에다 몇 마디 덧붙였다. "하나님은 기꺼이 하려 하신다(God is Willing). 그런데 당신은?" 그렇다. 우리가 기꺼이 하려고만 한다면, 우리가 원하기만 한다면, 우리가 그것을 맡기만 한다면, 하나의 국가로서 우리는 마약문제를 타도할 수 있다. 만약 우리가 하나의 국가로서, 마약문제를 끝내기로 작정한다면, 하나님의 도우심 가운데 그렇게 할 수 있다! 지금 우리는 똑바로 서야 할 필요가 있다. 지금은 우리의 척추를 강화할 때다.

2 우리 집이 구부정한 모습의 가정이 될 수 있다.

가족 모두의 모습이 일그러진 가정을 본 일이 있는가? 그것은 매우 슬픈 일이다. 한번은 아주 크고 아름다운 성공회 성당에서 열리는 결혼식에 참석하기 위해 이웃 도시에 간 적이 있다. 나를 따뜻하고 자상하게 맞아준 교회의 주임신부는 재능과 지식과 능력, 그리고 헌신적인 자세를 갖춘 탁월한 젊은이였다. 그에게는 명랑한 모습의 아내와 두 명의 귀여운 아이들이 있었는데 그들과 시간을 보내는 것이 퍽 즐거웠다. 후에 결혼식 거행을 준비하면서 그는 내게 이런 이야기를 들려주었다.

그는 처음부터 성공회 교인은 아니었다. 사실 그의 가족은 모두 다른 신앙, 다른 종파 안에서 자랐다. 그런데도 그는 성공회 소속 학교인 사우스 대학교의 슈워니 단과대학에 입학하였다. 재학중에 그는 아주 극적인 회심을 체험하게 되었는데 그 체험이 아주 강렬하였던 탓에 크리스천이 되는 것은 물론 성공회 사제가 되고 싶은 소명까지 느끼게 되었다.

그러나 그가 집에 돌아가 부모에게 자신의 경험을 말하자 부모는 그를 집밖으로 내쫓아버렸다. 부모는 그의 모든 짐을 집에서 쓸어버리고, 가족 앨범에 들어 있는 그의 사진도 모조리 찢어버렸다. 아버지가 그에게 한 말은, "너는 우리에게 죽은 자식이다. 아니 우리 가운데 너 같은 자식이 있은 적도 없다!"는 것이었다.

그 후로 지금까지 그의 부모와 형제자매들은 그에게 말 한마디 건네지 않는다. 그들은 앞으로도 그를 보지 않을 것이며 그의 존재 자체를 인정하려 들지도 않는다!

　어느 해 여름, 사촌 한 사람이 집안 친척들을 위해 자리를 마련하고는 화해를 시도하느라 그 사람까지 초청한 적이 있었다. 그는 물론 그 자리에 갔으나 주인인 사촌을 제외하고 어느 누구도 그와 이야기하기는커녕 쳐다보지도 않았다. 그가 친척들 여럿이 모여 있는 자리로 다가가면 그들은 마치 그가 거기에 없는 것처럼 행동했다. 그들은 하나같이 그를 만나는 것을 꺼렸다!

　"그래서 어떻게 하셨어요?" 내가 물었다.

　"아, 지금까지 퍽 어려웠지요. 그런데 요즘 들어 우리 아이들이 점차 나이가 들면서 내게 이렇게 묻는 통에 더욱 어려워집니다. 걔들이 그래요. '우리 할아버지 할머니는 어디 계시길래 우리를 보러 한 번도 안 오세요? 왜 우리들이 뵈러 갈 수도 없지요?'"

　참 슬픈 일이 아닌가? 그 조부모들이 무엇을 잃고 있는가 생각해 보라. 만약 우리 주님께서 그토록 일그러진 모습을 하고 있는 그 가족들에게 한 말씀 하신다면 이렇지 않을까? "굽은 모습을 펴라! 굳게 서라! 너희들은 그 동안 충분히 아팠다! 솟구쳐 일어나라!"

3 우리는 구부정한 모습의 사람이 될 수 있다.

　인생은 무거운 짐과 어려운 문제들을 가지고 우리 개개인을 뒤틀고, 헤비급 권투선수의 펀치를 맞은 것처럼 녹초가 되게 할 수도 있다. 인생은 그 강한 펀치로 우리의 항해에 필요한 바람을 없애버릴 수도 있다.

　그러나 그리스도를 믿는 믿음이 우리를 굳게 서도록 해 줄 수 있다. 그 믿음은 거친 세월을 만나도 우리가 굳게 설 수 있도록 영적 차원의 등뼈를 줄 수 있다. 우리가 감당키 어려울 정도로 무거운 짐과 고통을 견딜 수 있도록 신뢰와 힘을 줄 수 있는 것도 바로 그 믿음이다. 위대한 개혁자인 마틴 루터는 그것을 자신이 지은 찬송에서 강렬하게 표현했다.

우리 하나님은 강한 성이요
무너지지 않는 보루시다.
편만한 죽음의 질병 노도 한가운데
우리와 함께 계신 도움이시다.

우리의 오랜 적이
아직도 우리를 비탄에 빠뜨리려 하여
강한 모략과 권세,
잔혹한 적의로 무기를 삼으니
이 땅에 대적할 자 없도다.
우리 자신의 힘을 의지하였다면
노력은 수포가 되었으리라.
우리 위해 싸울 마땅한 자 없으나
하나님 친히 택하신 사람 거기 있었도다.

그 사람 누구인고?
그분은 바로 예수 그리스도
이름은 만군의 주
만세토록 한결같으신 분
그분이 무찌르신다.
(찬송가 384장의 원문/ 역자 주)

우리가 통째로 일그러졌다고 느낄 때, 무겁게 짓눌렸다고 느낄 때, 허리가 구부정해졌다고 느낄 때, 그리스도께서 우리를 위해 바로 거기, 특별한 치유자의 모습으로 말씀하신다. "굽은 모습을 펴라! 굳게 서라! 내가 너희의 성이 되어주리라! 내가 너희를 도우리라! 내가 너희와 함께 우뚝 서리라."

 무거운 짐으로 생겨날 수 있는 것

1. 미국의 마약문제처럼 나라가 구부정해질 수 있다.
2. 우리 가정이 구부정해질 수 있다.
3. 우리 자신이 구부정해질 수 있다.

제 6 장 스트레스와 위험한 태도

"눈은 눈으로, 이는 이로 갚아라" 하고 말한 것을 너희는 들었다. 그러나 나는 너희에게 말한다. 악한 사람에게 맞서지 말아라. 누가 네 오른쪽 뺨을 치거든, 왼쪽 뺨마저 돌려 대어라. 너를 걸어 고소하여 네 속옷을 가지려는 사람에게는, 겉옷까지도 내주어라. 누가 너더러 억지로 오 리를 가자고 하거든, 십 리를 같이 가 주어라. 네게 달라는 사람에게는 주고, 네게 꾸려고 하는 사람을 물리치지 말아라. "네 이웃을 사랑하고, 네 원수를 미워하여라" 하고 말한 것을 너희는 들었다. 그러나 나는 너희에게 말한다. 너희 원수를 사랑하고, 너희를 박해하는 사람을 위하여 기도하여라. 그래야만 너희가 하늘에 계신 너희 아버지의 자녀가 될 것이다. 아버지께서는, 악한 사람에게나 선한 사람에게나 똑같이 해를 떠오르게 하시고, 의로운 사람에게나 불의한 사람에게나 똑같이 비를 내려주신다. 너희를 사랑하는 사람만 사랑하면, 무슨 상을 받겠느냐? 세리도 그만큼은 하지 않느냐? 또 너희가 너희 형제자매들에게만 인사를 하면서 지내면, 남보다 나을 것이 무엇이냐? 이방 사람들도 그만큼은 하지 않느냐? 그러므로 하늘에 계신 너희 아버지께서 완전하신 것같이, 너희도 완전하여라. (마태복음 5:38~48)

스트레스와 **위험한 태도**

이번 장에서는 심리학자들이 언어연상 훈련이라고 부르는 것을 해 보려 한다. 먼저 어떻게 하는가를 보자 :

1. 눈을 감고 마음을 비우도록 한다.(어떤 사람에게는 정말 쉬운 것이다!)
2. 제시된 문장을 조심스럽게 읽는다.
3. 그 문장을 읽을 때 과거로부터 마음에 제일 먼저 떠오르는 이미지나 얼굴, 상황을 주의 깊게 주목한다.

준비되었으면 이제 문장을 보자 :

"앞으로 다시는 그런 행동을 하지 말아라!"

자, 당신은 이 말을 읽으면서 무엇을 생각했는가? 그것이 혹시……

부모님이 주신 엄한 훈계인가?
상사가 내린 고통스러운 시정 명령인가?

고등학교 교장이 내린 엄한 지시인가?
선생님에게서 들은 지겨운 강의인가?
친구가 건네준 강력한 충고인가?
조부모 중 한 분으로부터 받은 관심 섞인 경고인가?

우리는 모두 그런 경험을 가지고 있지 않은가? 우리가 실수를 했거나, 잘못을 저질렀거나, 어떤 일을 부당하게 처리했다는 것을 절실히 알게 될 때 그런 고통스러운 순간을 경험한다. 곧이어 누군가로부터 "다시는 그런 일을 저지르지 말아라!"는 강한 어조의 말을 들을 때 우리의 정신적 고통은 더욱 커진다. 이것에 대한 우리의 생각을 더 끄집어내기 위해 내가 살아오면서 겪었던 세 가지 경험을 나누고자 한다.

첫 번째 경험은 아주 오래 전 7월 4일에 일어났다. 아침 일곱시, 그때 여덟 살이던 나는 두 살 위인 형, 밥(Bob)과 같이 식탁에 앉아서 불꽃놀이 재료를 정리하고 있었다. 우리는 소리를 내지 않기 위해 매우 조심했는데 그 까닭은 전날 밤 부모님이 독립기념일인 그날은 늦게까지 자고 싶으니 제발 조용히 하라고 하셨기 때문이었다. 우리 집은 동네에서 잡화가게를 운영하고 있었는데 부모님은 아주 열심히 일을 하시느라 쉬는 날도 거의 없을 뿐 아니라 잠을 제대로 주무시지 못하셨다. 그래서 형과 나는 숨을 죽여 가며 독립기념일인 오늘 저녁 앞마당에서 펼칠 불꽃놀이를 위해 폭죽을 만들고 있었던 것이다.

세 살짜리 동생 수지가 잠옷 차림으로 손에는 좋아하는 인형을 들고 뒤에는 포대기를 매달고 주방으로 들어올 때까지는 모든 게 잘 되어가고 있었다. 오빠들은 항상 어린 여동생을 놀려대길 좋아했는데 그날 아침도 예외는 아니었다.

내가 형에게 "이것 좀 봐." 하면서 한 손에 폭죽을 들고 다른 손으로는 성냥을 그어댔다. 그리고는 꼬마 여동생 수지의 주의를 끌 생각으로 폭죽에 불을 붙일 것처럼 행동하기 시작했다. "안돼, 안돼, 안돼!" 동생이 울부짖었다. 바로 형과 내가 예상했던 반응이었으니 신이 날 수밖에. 형과 함께 웃기 시작했는데, 나는 너무 신나게 웃느라 그만 몸이 앞으로 쏠리면서 실수로 성냥불을 폭죽 끝에 있는 심지에 대고 말았다. 불이 붙었다!

자, 이런 상황에서 당신은 무엇을 할 것인가? 나 역시 누구라도 할 법한 행동을 했다 : 불 붙은 폭죽을 싱크대 설거지통에 던진 다음 수도꼭지를 틀어서 불을 끄려고 애썼다. 그러나 때는 이미 늦었다!

그 폭죽이 폭발했을 때 소리가 주방 안에 가득했는데 역사상 가장 큰 소리라는 기록은 아니더라도 큰 소리를 기준으로 10위권 안에는 들었으리라! 폭발 소리를 듣고, 우리 부모님은 게슴츠레한 눈으로 불쾌한 표정을 지으며 폭발물이 튕기듯 침실에서 뛰쳐나오셨다. 그리고 두 분께서는 독립기념일인 7월 4일 아침 7시, 내게 많은 말씀을 하셨다. 지금에 와서는 거의 대부분 기억하지 못하지만 한 가지, 가장 강력한 지시는 이것이었다. "앞으로 다시는 그런 짓을 하지 말아라!"

그 일이 있은 후 얼마 지나지 않아 두 번째 일이 일어났다. 형과 나는 여동생을 데리고 우리 방에서 타잔 놀이를 하고 있었다. 형이 나이가 제일 많기 때문에 타잔 역을 맡았고 나는 꼬마 역을, 그리고 여동생은 치타가 되었다! 우리 방에는 침대 두 개가 나란히 있고 천장에는 전깃줄이 매달려 있었는데, 우리는 그 줄이 타잔이 덩굴을 잡고 옮겨 다니듯 이쪽 침대에서 저쪽 침대로 건너가는 데 딱 좋은 덩굴이라고 생각했다.

형은 나이가 많다는 이유로(형은 맏이가 누려야 할 특권에 대해 동생인 우리에게 늘 강조했었다) 뭘 하든지 제일 먼저 하곤 했다. 그래서 타잔의 소리를 흉내내면서 침대에서 껑충 뛰어올라 천장에 있는 전깃줄을 잡았다. 아주 기발한 생각처럼 보였다. 그럴 수밖에 없는 것이, 형의 생명을 지켜줄 그 전깃줄이 천장에서 끊어져 바닥에 떨어질 줄 우리가 어찌 알 수 있었는가?

야단법석에 놀란 부모님께서 달려오셨을 때 형은 자신이 큰 문제를 저질렀다는 걸 알고 눈물을 쏟고 있었고, 동생과 나는 우리 차례를 놓친 것이 서러워 울고 있었다! 그날 오후, 또다시 우리 부모님은 아프리카 정글처럼 어지럽혀진 우리 방에서 수없이 많은 말씀을 하셨다. 전에처럼, 나는 무슨 말씀을 하셨는지 거의 기억하지 못하지만 단 한 가지 앞으로도 결코 잊지 못할 것은 이 말이다. "앞으로 다시는 그런 짓을 하지 말아라!"

세 번째 경험은 바로 지난해 봄에 일어났다. 저녁으로 햄버거를 먹기 위해 큰 거리에 있는 식당까지 뛰어가리라 작정하고 운동복 차림으로 밖에 나갔다. 큰길 가운데 있는 중앙 분리구역을 뛰어가고 있었다. 그러다가 교통이 아주 혼잡한 것을 보면서 갑자기 옛날에 미식 축구하던 시절, 골라인에 터치 다운(Touch down)하기 위해 달려가는 내 모습이 뇌리를 스쳐 지나갔다. 식당은 골라인이고, 내 주위에 있는 자동차들은 모두 상대편의 수비수들이었다.

내가 바로 식당 정면에 다다랐을 때, 차량들 사이에 충분치는 않지만 약간의 틈새가 있는 것을 보자 나의 우수한 체력과 번개 같은 속도라면 차 사이를 가르면서 식당 안으로 뛰어들어 갈 수 있을 것 같았다. 그러나 그날은 아침 일찍 비가 와서 길 가운데 있는 분리대의 잔디가 젖어 있었다. 한 발을 내딛던 나는 발이 미끄러지면서 세상에서 가장 복잡한 거리로 알려진 웨스트하이머 가(街)의 한가운데 넘어지고 말았다.

그때 차들은 내게 달려오고 있었고, 그것은 마치 영화 '록키(Rocky)'에서 보았던 슬로우 모션 장면 같았다. 나는 일어설 수도 없어 옆으로 구르기 시작했고, 웨스트하이머 거리를 가로질러 반대편의 배수구에 빠질 때까지 굴렀다. 한쪽 무릎은 배수구 안에 있고 다른 쪽은 인도 위에 올려놓고 나서야 내 곁을 획획 달려가는 자동차들의 소리가 들렸다.

일어나서 감사기도를 한 후 몸에 묻은 흙먼지를 털면서 주위를 둘러보니 버스를 기다리던 사람이 나를 지켜보고 있었다. 그 사람은 지금까지 자기가 보았던 것을 그대로 전해 주었다, 전 과정을!

나는 그 순간에 그 누구라도 말했음직한 말을 그 사람에게 했다. "제가 그랬군요." 그리고는 "착착 멋지게 되었지요?" 하고 덧붙였다.

햄버거를 사들고 집에 돌아와 가족들에게 내가 겪었던 것을, 웨스드하이머 거리에서 거의 죽을 뻔 했던 사선을 늘려주었다. 그러자 그간의 이야기를 듣던 가족 중 한 사람(영원히 이름은 비밀에 부치겠지만)이 내게 "앞으로 다시는 그러지 마세요!"라고 힘주어 말하는 것이었다, 마치 내가 다음주 월요일에 또 그렇게 하기라도 할 듯이!

아마도 당신은 지금까지의 이야기들이 마태복음 5장 38~48절에 나오는 산상설교와 무슨 관련이 있을까 하며 이상해할지도 모른다. 그러나 산상설교와 이 이야기들은 실제로 아주 많은 관련이 있다. 내가 겪은 세 가지 경험담을 꿰뚫고 있는 흥미로운 실마리는 사람들이 "다시는 그러지 말아라." 하고 말하는 대목에서 드러난다. 그것은 소위 '위험 요소라고 불리는 그런 것!'이다. 폭죽이나, 천장에 달린 전깃줄, 혼잡한 교통사정, 이것들 모두는 위험, 위태로움, 그리고 위기라는 요소들을 갖고 있다. 그런 말은 아주 자주, 아니 어쩌면 가장 자주 우리에게 주는 위험과 위기를 알리는 주의며 경고 신호다. "더 이상 그런 짓 하지 말아라!" 그것은 너무 해롭고, 너무 위험하고, 너무 모험적이다!

더 나아가 이것은 정확히 예수께서 산상설교 속에서 우리에게 말씀하고 계신 것이다 : 조심하여라! 주의하여라! 위험하다! 경계하여라! 예수님의 말씀을 내 나름으로 옮겨보면,

긴 세월에 걸쳐 사람들은 너희들에게 이렇게 말해 왔다. "이것을 해라, 저것을 해라, 혹은 요것을 해라." 그러나 나는 너희에게 말한다. 다시는 그렇게 하지 말아라! 그것은 위험한 것이고, 다치기 쉽고, 해로운 것이다.
옛날부터 너희들이 들어온 것은 이랬다. "눈에는 눈으로, 이에는 이로, 복수의 법칙을 따라 살아라." 그러나 지금 나는 너희에게 말한다. 다시는 그렇게 하지 말아라! 왜냐하면 그런 방식의 삶은 너희 영혼에 독이 되고 만다. 더 이상 되받아 치지 말아라! 더 이상 네 육체의 대가를 요구하지 말아라! 더 이상 뭔가 더 갖겠다는 생각을 하지 말아라! 보복적인 정신은 너희 영혼을 파괴할 것이다.
옛날부터 너희들이 들어온 것은 또 이랬다. "네 원수를 미워하라!" 그러나 지금 나는 너희에게 말한다. 다시는 그렇게 하지 말아라. 미워하는 자리에 들지 말아라. 적대감을 지니지 말아라. 그 까닭은 화를 품은 영혼은 너희의 삶을 파고들어 황폐하게 만들기 때문이다.

요점은 확실하다. 우리가 산상설교를 면밀히 살펴보면 예수께서는 그 능력 있는 말씀들 속에서 우리가 전염병을 피하듯 피해야 할 여러 가지 태도나 행동들을 보여주고 있음을 발견하게 된다. 왜냐하면 그런 태도나 행동은 아주 위험하고, 해롭고, 독소적이며, 스트레스가 가득하기

때문이다 : 우리는 더 이상 그런 행동을 해서는 안 된다. 대개의 영적 위험 요소들이 거기 드러나 있다.

1 '미움'의 위험이 도사리고 있다.

앙갚음, 분노, 시기, 적대감, 미움…… 당신이 그것을 무엇이라고 부르든지 간에 그것은 아주 위험하며, 당신의 영혼을 황폐화시킬 것들이다. 그러니 더 이상 미움에 빠지지 말아야 한다. 다시는 그렇게 하지 말아야 한다!

여러 해 전, 위스콘신 대학교에는 글쓰기에 두드러진 재능을 지닌 똑똑한 남학생들로 구성된 문학 동아리가 있었다. 그들은 정기적으로 모였는데 그때마다 회원 한 사람이 자기가 쓴 수필이나 단편을 큰 소리로 읽고 나서 그 자료를 회원들에게 배포하고 함께 비평하였다. 비평이 시작되면 적당히 한다거니 자제하는 분위기는 볼 수 없었으며, 배부된 자료는 인정 사정 없이 샅샅이 해부되었다. 그 과정이 그처럼 잔인하고 혐오스럽기까지 한 까닭에 회원들은 스스로를 '억압자들(The Stranglers)'이라고 불렀다.

그 무렵 비슷한 동아리가 결성되었는데 이름은 '논쟁자들(The Wranglers)'이었다. 여기 회원은 글쓰기에 두드러진 재능을 지닌 여학생들이었다. 그들도 역시 남학생들 모임에서처럼 자신이 쓴 글을 큰 소리로 읽고 그 자료를 친구들에게 나누어주고 비평하게 하였다. 그러나 이 동아리에서의 비평에는 아주 중요한 차이가 있었다. 상냥하고, 사려 깊고, 긍정적이며 또한 친절한 분위기가 있었다. 가장 빈약해 보이는 작품에도 격려와 사랑을 보이는 것이 주된 태도였다.

20여 년 후, 그 대학의 한 연구원이 회원들의 경력을 분석하였는데 그에 따르면 '억압자들'이라는 동아리에 속한 젊고 유능한 회원들 중 어떤 식으로든 문학적 평판을 얻은 사람이 없었던 데 반해, '논쟁자들'이라는 동아리에서는 뛰어나게 성공한 작가가 여섯 명이나 나왔다. 두 동아리 회원들이 지닌 기본적인 재능은 비슷했지만 '논쟁자들'은 각자 자신을 신뢰하고, 존중하고, 최선을 다하여 꿈을 추구하도록 서로를 부추기고 격려하였지만 '억압자들'은 정확히 반대였다. 그들은 자신에 대한 회의나 낙담, 그리고 자기 비하를 부추기는 역할을 하였던 것이다. 이들은 동아리 이름대로 살았으니, 곧 서로간의 삶을 질식시킨 것이었다.

이것이 바로 미움이 우리에게 하는 짓거리다. 미움은 우리를 황폐하게 만들고, 쇠약하게 하고, 파괴시킨다. 예수께서는 바로 이런 것을 아셨기에 미움의 죄를 소리 높이 꾸짖으셨으며, 사랑의 정신을 강하게 대변하셨던 것이다. 그분은 사랑은 하나님께 속한 것이며 미움은 악과 심술로 가득 찬 영적인 암이라는 점을 우리들이 이해하기를 바라셨다. 예수께서는 우리가 마음속에 미움을 가지고서는 하나님의 임재의 자리에 들 수가 없다는 것을 알기를 원하셨다. 만약 예수께서 육체의 모습으로 오늘 계시다면 이렇게 말씀하시지 않을까. "미움이란 위험한 것이니 조심하여라! 또다시 그렇게 하지 말아라!"

2 초조함의 위험이 도사리고 있다.

예수께서는 산상설교 속에서 우리에게 염려하지 말라고 말씀하신다. 걱정하지 말아라. 하나님은 공중의 새도, 들의 백합화도 돌보신다. 그런데 왜 하나님이 너희들을 돌보실 것이라는 사실을 안 믿는가? 그렇게 초조해하지 말아라.

한 젊은이가 무겁고 큰 가방을 들고 만원버스를 탔다. 앉을 자리가 없자 운전석 부근에 서서 한 손으로는 손잡이를 꽉 잡고 다른 손으로는 그 무거운 가방을 여전히 들고 있었다. 무거운 짐 때문에 몸은 아래로 처지고 한 손으로 매달리듯 손잡이를 잡으면서 균형을 잡느라 여간 고생이 아니었다. 드디어 운전기사가 그를 보면서, "젊은이, 그 무거운 짐을 잠시라도 내려놓으면 버스가 실어다 줄 텐데 왜 그렇게 들고 있나?" 하고 말했다.

기독교 신앙의 복음은 바로 우리의 무거운 짐을 내려놓고 하나님이 우리를 위해 그것을 옮기시도록 할 수 있다는 것이다. 그런데도 우리는 너무 자주 그것을 잊고 있지 않은가? 별 문제도 아닌 것들, 결코 일어나지도 않을 일들, 그리고 우리가 다스릴 수 없는 일들에 대해 걱정하면서 어리석고도 미숙한 초조함에 굴복한다.

산상설교의 중요한 주제 중 하나는 하나님에 대한 신뢰다. 거듭 말하거니와 성경이 우리에게 말해 주고 있는 것은 최선을 다 하고 나서 하나님이 일을 바르게 해 주신 것을 신뢰하라는 것이다. 초조해하는 것은 우리의 삶을 메마르게 하고 우리의 영혼을 오염시킬 수 있는 영적인 독약이다. 산상설교의 이 부분에서 예수님은 미움과 초조함이 우리가 더 이상 해서는 안 될 두 가지라는 것을 보여주신다.

3 뒤바뀐 우선순위의 위험이 도사리고 있다.

어린 시절 "엉뚱한 음절에 강한 발음을 내지 말라!"고 강조하시던 웅변 선생님이 계셨다. 그것이 때때로 우리의 문제라는 것을 예수님도 아셨다. 사람들이 정말 관심 가져야 할 문제는 놓치고 그릇된 것을 중요시하는 어리석은 존재라는 것을 잘 아셨던 것이다.

예를 들어 보자. 한 젊은이가 용기를 내서 여자친구의 아버지에게 가서 이렇게 말하였다. "선생님, 중요한 청이 좀 있는데요. 그 동안 좀 생각했는데요, 만약에…… 어떠실지…… 말하자면, 선생님께서 기꺼이 해주시지 않을까…… 어, 어…….."

이렇게 말을 제대로 못한 채 더듬거리는데 갑자기 여자친구의 아버지가 젊은이의 손을 덥석 잡고 힘차게 흔들면서, "물론이지, 물론이야, 젊은이, 기꺼이 허락하고 축복해줌세. 내 귀여운 딸의 행복이 곧 나의 모든 것이니까." 하고 말했다.

깜짝 놀란 청년이 물었다. "허락이라니요? 축복은 또 뭐구요?"

"자네는 내 딸과 결혼하려는 것이 분명하고, 그래서 지금 내 허락을 얻은 거란 말일세." 그 아버지가 대답했다.

"아, 그게 아닌데요. 선생님," 젊은이가 말했다. 그게 아니라 지난주에 제가 68달러가 모자라서 자동차 할부금을 못 냈거든요. 할부금융회사가 제 차를 다시 가져가지나 않을까 겁이 나서, 혹시 선생님께 돈을 좀 빌릴 수 없을까 생각하고 있었습니다. 그러니 선생님, 68달러를 다음주까지만 빌려주실 수 있으십니까?"

청년의 말이 끝나기가 무섭게 여자친구의 아버지는 대꾸를 하였다. "절대로 안돼! 자네에 대해 아는 거라곤 거의 없으니까!"

요점은 분명하다. 우리는 때때로 무엇이 중요한지 모른 채 우선순위를 뒤섞어 가지고 있다. 그러나 산상설교를 보면, 예수님은 우리가 올바른 우선순위를 가지고 살 수 있도록 분명한 열쇠, 분명한 해답, 그리고 분명한 방법을 알려주신다. 그분은 하나님의 나라와 그 의를 먼저 구하라고 말씀하신다. 하나님을 첫 번째 자리에 두면 그 밖의 모든 것들은 당신을 위한 자리에 바로 오게 된다.

1년 전, 아버지의 날, 우리 교회의 어린이들이 예배 인도를 도왔다. 여덟 살배기 꼬마 소녀가 마치는 기도를 드렸는데 그 안에 예배의 요소가 잘 그려져 있다. "살아계신 그리스도께서 당신과 함께 가시도록 하라. 당신의 앞에서 당신의 길을 인도하시도록, 당신의 뒤에서 격려하시도록, 당신의 옆에서 친구가 되시도록, 당신의 위에서 당신을 지켜보시도록, 그리고 당신 안에서 당신에게 평화를 주시도록 하라. 아멘."

만약에 예수께서 지금 당장 우리들 각자에게 개인적으로 말씀하신다면 이렇게 하시지 않을까? "미움, 초조함, 뒤바뀐 우선순위, 이들은 모두 당신의 영혼에 해롭고, 위험하고 또 어지러운 것이다. 그런 것들을 다시는 하지 말아라!"

 **우리가 피해야 할 태도나 행동**

1. '미움'의 위험
2. '초조함'의 위험
3. '뒤바뀐 우선순위'의 위험

제 7 장 스트레스와 외로움

내가 간절히 주님을 기다렸더니, 주님께서 나를 굽어보시고, 나의 울부짖음을 들어주셨네. 주님께서 나를 멸망의 구덩이에서 건져주시고, 진흙탕에서 나를 건져주셨네. 내가 반석을 딛고 서게 해 주시고, 내 걸음을 안전하게 해 주셨네. 주님께서 나의 입에 새 노래를, 우리 하나님께 드릴 찬송을 담아주셨기에, 수많은 사람들이 나를 보고 두려운 마음으로 주를 의지하네. (시편 40:1~3)

스트레스와 외로움

얼마 전, 눈길을 끄는 만화를 하나 보았다. 한 여인이 실종 신고 접수대 앞에 서 있고, 경찰은 책상에 앉아서 여인이 전해 주는 자세한 정보를 연필로 적으면서 대화를 나누고 있다.

"제 남편이 실종됐거든요."

"남편이 사라진 지 얼마나 됐습니까?"

"네, 아마 20년쯤 됐어요."

"20년이나요? 그런데 왜 지금 신고하시는 겁니까?"

"모르겠어요. 오늘 갑자기 외로웠거든요."

대부분의 사람들은 외로움의 고통을 느끼기 위해 20년이나 기다리지는 않는다. 몇 해 전, 50대 중반의 여인이 나를 만나러 왔다.

"짐(Jim), 어떤 사람에 대해 나누고 싶은 이야기가 있어요. 나는 결혼은 안 했지만 요즈음 한 남자와 교제중이지요. 그런데 사실, 난 그 남자를 사랑하지 않고, 그 남자도 내게 동정적이기는 하지만 아주 좋은 사람은 아닙니다. 그는 자주 술을 마시고, 사람들 있는 자리에서 나를 난처하게 만들곤 하죠. 야비하고 이기적이고 또 잔인하기도 해요. 나를 대할 때 멸시하기도 하고 존중해주기는커녕 때리기까지 한답니다."

그 여자가 무엇을 해야 할 것인지 내가 보기에는 분명하다! 해를 거듭하면서 내가 발견한 것은, 정서적으로 어떤 형편에 얽매인 사람들이 그 형편에서 벗어나기 위해서 할 일은 상황을 객관적으로 바라보아야 한다는 것이다.

그래서 그 여자를 돕기 위해 내가 말했다. "잠시 역할을 한번 바꿔봅시다. 댁이 목사 역을 맡으세요. 제가 지금 상담을 받으러 와서는 댁이 제게 말하셨던 것과 같은 문제를 자세히 털어놓은 겁니다. 자, 그러면 댁은 제게 어떻게 말하시겠습니까?"

그 여인은 눈물을 닦아내고 말했다. "물론 제가 어떻게 해야 하는지 압니다. 그 남자로부터 할 수 있는 대로 빨리 벗어나야 된다는 것을 말이지요. 그러나 나이가 이쯤이고 보니, 두렵군요. 다른 사람을 찾지 못할까 봐 겁이 나기도 하고, 외로운 앞날에 대한 공포도 있거든요. 혼자 산다는 건 생각할 수도 없답니다!"

놀라운 일 아닌가? 그녀는 외로움의 고통이 두려운 나머지 친구를 갖는 것 말고는 그 밖의 어떤 것이라도 포기하려는 사람이었다. 우리 시대의 큰 문제는 바로 외로움이다. 어떤 사람은 그것을 공공의 적 제 1호라고 부른다. 이것은 정말 아이러니다. 우리가 한 해 동안 사회생활을 하면서 만나는 사람들의 숫자는 증조할아버지, 고조할아버지들이 평생 동안 만났던 사람들보다 훨씬 더 많다. 그럼에도 불구하고 오늘날의 사람들은 과거 어느 때보다 더 외로워하고, 고통은 더 심해가고 있다.

외로움은 우리의 희망과 야망, 꿈과 생동감, 열망과 창의성, 체력과 건강, 일하고 먹고 잠자는 기능, 즉 우리의 모든 면을 감염시키는 능력을 갖고 있다. 심리학자들에 따르면 외로움이 극심한 사람들은 무릎이 허약해지는 것을 경험하기도 하는데 그것은 엄청나게 큰 짐이 자신을 누르고 있다고 느끼기 때문이다. 외로움이란 단어 자체가 가슴 아프고 슬픈 소리를 담고 있는 것 아닐까. 그런 삶은 하나님이 원하신 모습이 아니기 때문에 많은 사람들에게 정말 문제다.

창세기 2장에 보면, 하나님이 피조물을 보시면서 "남자가 혼자 있는 것이 좋지 않으니, 그를 돕는 사람, 곧 그에게 알맞은 짝을 만들어주겠다.(창 2:18)"고 말씀하신다. 그 진리는 우리가 세상을 살면서 공동체를, 친구를, 사귐을, 도움 줄 사람을, 그리고 사랑을 필요로 하는 데서 그대로 입증된다. 하나님은 그런 식으로 우리를 만드셨는데도 그토록 많은 외로움이 있는 것이다. 외로움은 수많은 사람들에게 고통스러운 문제다.

이제 외로움에 대한 세 가지 생각을 펼치려 한다. 이런 것들이 자신이나 다른 사람에게 적용될 수 있는지 살펴보기 바란다.

1 외로움과 고독 사이에는 큰 차이가 있다.

고독은 좋을 수 있지만, 외로움은 언제나 나쁘다. 고독은 멋질 수 있지만, 외로움은 언제나 부정적이다. 고독은 도움이 될 수 있지만, 외로움은 언제나 상처를 입힌다. 우리가 혼자 있어야겠다고 할 때, 또 혼자 있는 것을 즐길 때, 그것은 고독이다. 고독 속에서 우리는 하나님과 조용한 시간을 갖기 위해 삶을 짓누르는 스트레스와 긴장으로부터 한 발 물러설 수 있다. 때때로 우리는 그럴 필요가 있다. 예수님도 생각하고 듣고 명상하고 휴식하며 기도하기 위해 그런 조용한 순간을 가지셨음을 기억하라. 우리도 그럴 필요가 있지 않을까?

그렇다. 고독과 외로움 사이에는 크게 다른 점이 있다. 둘 다 혼자 있는 상태를 말하는 것이지만, 둘 사이에는 커다란 차이가 있다. 고독은 심신을 상쾌하게 하는데, 외로움은 쇠약하게 한다. 고독은 우리를 활기

차게 일으켜주는데, 외로움은 의기소침하게 한다. 고독은 평화롭고, 외로움은 고통스럽다. 외로움과 고독은 두 개의 매우 다른 것들이다.

2 외로움에도 여러 가지가 있다.

외로움은 여러 가지 모양, 여러 가지 크기, 그리고 여러 정도로 오는데 각각 다 고통스럽다.

먼저 사랑하는 사람과의 이별에서 오는 외로움이 있다. "어떤 사람도 그 자체가 섬(뚝 떨어져 외롭게 있는)은 아니다." 존 돈(John Donne)이 가사를 쓰고 바브라 스트라이샌드(Barbra Streisand)가 멋지게 부른 노래 중에 "우리는 사람을 필요로 하는 사람이다."란 표현이 있다. 비록 짧은 시간 동안이라도, 사랑하는 사람과 떨어져 있을 때 우리는 외롭게 되고, 공허함과 불완전을 느낀다.

내가 비행기를 타러 하비 공항에 갔을 때 한 젊은 여인을 보았는데, 일년 전쯤 내가 결혼식을 주례했던 우리 교회의 교인이었다. 그는 남편이 오기를 기다리고 있었다. 남편이 출장간 지는 그저 하루밖에 지나지 않았는데 어서 비행기가 도착하기를 바라면서 거의 자포자기한 모습으로 밖의 하늘을 내다보는 그의 눈 속에는 그리움이 가득해 보였다. 그는 남편을 기다리며 외로웠다. 몇 분이 지나고 남편이 도착했을 때 그는 번개같이 달려가 남편의 품안에 안겼다.

사랑하는 사람과 떨어져 있어야 하는 외로움, 그것은 우리가 잘 아는 외로움의 한 종류다. 자녀가 대학에 다니느라 집을 떠났을 때, 그리고 좋아하는 친구가 다른 곳으로 이사 갔을 때 우리가 경험하게 되는 그런 것이다. 사랑하는 사람과 떨어져 있게 되는 엄청난 외로움, 즉 사랑하는 사람이 세상을 떠났을 때 느끼는 그런 외로움이다. 그것은 고통스럽고 괴로운 경험이다.

다음으로 유동적인 사회에서 느끼는 외로움이 있다. 우리는 이동의 과정에 있는 사람들이다. 서너 가정 중의 한 가정이 매년 이사를 하니까, 우리나라 전체로 보면 수백만 명의 사람들이 한 곳에서 다른 곳으로 이사하면서 삶의 뿌리가 뽑히는 외로움을 겪는다.

북 캐롤라이나 주로 이사할 준비를 하고 있는 젊은 가족과 이야기를 하는데 그들은 서로 손을 잡고 울었다. 다니던 교회가 자신들에게 얼마나 의미가 있었는지, 그리고 삶의 터전을 뿌리째 옮긴다는 것이 얼마나 고통스러운지를 말하면서. 우리의 유동적인 사회로부터 오는 외로움도 참으로 고통스러운 것이다.

또 자신이 불필요한 존재라고 느낄 때의 외로움이 있다. 오늘날 세계의 많은 사람들은 자기들이 잊혀진 존재라고 느낀다. 자기들은 기대의 대상도 아니고, 중요하지도 않으며, 필요의 대상도 못 되는 존재라고 느낀다. 자신들이 만약 갑자기 사라진다면 무슨 일이 일어날까 궁금해 하는 사람들이 있다. 그들이 잊혀질 수 있을까? 그들이 사라졌다는 것을 어떤 사람이 감지하는 데 얼마나 걸릴까? 나이든 사람 중에 자신들의 존재 이유가 모두 "소진된 것"은 아닐까 궁금해 하는 것이 특히 그렇다.

한번은 68세 된 할머니가 내게 말했다. "나는 내가 어떤 것이든 쓸모 있는 일을 할 수 있도록 도와 달라고 매일 밤 주님께 기도한다우. 내 남편은 이제 떠났고, 아이들은 다 자라서 더 이상 나를 필요로 하지 않아요. 난 조그만 아파트에서 혼자 사는데, 그런 걸 헤아리는 데 쏟을 시간이 별로 없지⋯⋯. 그러니 나는 잃어버린 채 쓸모도 없고 더 이상 필요치 않은 존재지. 전에는 인생이 그렇게 외로운 것일 수 있다고 생각해본 적이 없어요." 이것이 자신이 불필요한 존재라고 느낄 때의 외로움이다.

그래도 여전히 남아 있는 또 다른 외로움이 있는데 그것은 바로 책임감의 외로움이다. '책임이 당신에게 주어졌을 때' 외로움을 느낄 수 있다. 아주 민감한 수술을 하기 위해 수술용 칼을 집어 들면서 환자의 목숨이 자기 손에 달려 있다는 것을 아는 외과 의사들의 외로움. 마지막 진술을 하러 배심원에게 다가갈 때에 느끼는 변호사들의 외로움. 자기 아이들과 관계된 어려운 결단을 하여야 할 때 느끼는 부모들의 외로움. 학생들이 잘 해내야 한다는 것을 염두에 두고 교실에 들어가 그들의 표정을 살펴보면서 느끼는 교사들의 외로움. 가족이 겪는 비극적인 사건에 대해 그들 가운데 누군가에게 이야기해 주어야 하거나, 혹은 좋은 소리를 들을 수 없으리라는 것을 알면서도 입장을 밝혀야 할 필요가 있을 때 느끼는 목회자의 외로움. 이러한 책임감의 외로움 또한 고통스럽다.

물론 신학자들이 영적 외로움이라고 부르는 것도 있다. 그것은 우리가 하나님으로부터 떠날 때 우리 가슴속에 찾아드는 외로움이다. 어거스틴의 말 속에 잘 드러나 있다. "오 하나님, 당신 안에서 쉴 곳을 찾기까지 내 영혼은 쉴 곳이 없나이다." 고독과 외로움은 서로 다르며, 외로움에는 여러 종류가 있다.

3 외로움에 대응하는 데는 여러 가지 방법이 있다.

외로움의 고통에 대응하는 데는 부정적인 방법과 긍정적인 방법이 있다. 마약(알코올을 포함)은 해답이 아니다. 자기 연민이나, 도피, 그리고 자살도 물론 해답이 아니다. 이것들은 모두 부정적이며 파괴적인 대응이며 전염병과 마찬가지로 피해야 할 것들이다. 그렇지만 외로움을 다루는 데 몇 가지 건설적인 방법들이 있다. 두 가지를 들어보자.

첫째, 교회에 나오라. 교회의 일원이 되어 교회가 외로운 이들을 위한 안식처가 되도록 도우라. 누구든지 자신이 받아들여져서 그 일원이 되며, 사랑받고, 지지받으며, 존중받고, 환영받는다는 것을 느낄 수 있도록. 세계 모든 곳에서 그럴 수 있는 유일한 장소인 교회의 주제가 바로 "누구든지 와도 좋다."다. 교회는 항상 외로운 사람들을 위한 안식처가 되어야 하며, 외로운 사람들이 포근함과 위로를 찾을 수 있는 곳이 되어야 한다. 그리스도의 교회로서 우리가 만약 사람들을 받아들이는 데 실패한다면, 우리는 모두가 실패하는 것이며, 바로 그것 때문에 우리는 그리스도의 영으로부터 떨어지게 될 것이다. 지금 당신 옆에 외로운 사람이 있을지 모른다. 따뜻함과 사랑으로 다가갈 수 있는 기회를 놓치지 말아야 한다. 친절한 한마디의 말이 생명을 구할 수 있다!

내가 좋아하는 신약성경의 구절 중 하나는 예수께서 우물가에서 만난 여인에게 마실 물을 달라고 하는 요한복음의 기사다. 그 여인은 수가에 사는 창녀로 평판이 아주 나쁜 사람이었다. 그를 존중해 주는 사람은 아무도 없었는데 예수께서는 그에게 말을 거셨다. "물 한 잔만 달라." 당시의 가부장적 사회에서 그런 말은, 그 여인에게 굉장히 경의를 표하는 말이었다.

그 말을 듣자마자 여인이 생각한 것은 무엇이었을까? '이 낯선 사람은 나라는 사람을 모르는구나. 그렇지 않고서야 내게 물 한 잔을 요청할 리가 없을 게다. 내 평판이 어떤지도 모르는구나.' 하고 생각했다.

그러나 잠시 후, 예수께서 바로 그 여인에 대해 말씀하셨다 : "그대에게는 남편이 다섯이 있었지. 게다가 지금 함께 사는 남자도 진짜 그대의 남편이 아니고." 그 순간 여인은 조건 없는 사랑과 포용의 힘을 느꼈다. 그 힘이 그에게 스며들었다. "예수님이 나에 대해 아시는구나. 나에 관한 모든 것을 아시면서도 여전히 나를 받아주시다니!"

그런 모습의 포용, 사람들이 와서 은혜로운 사랑과 포근함을 기대하며 우리를 바라볼 수 있는 그런 모습의 공동체, 그것이 우리 교회가 생기 있게 지켜야 할 정신이다. 만약에 당신이 외롭다면 그 외로운 영혼을 교회로 가지고 와서 지지와 격려로 채워라. 만약에 당신이 교회에 속해 있다면 당신의 교회가 외로운 사람을 위한 안식처가 되도록 하는 데 도움이 될 수 있는 모든 일을 하여야 한다.

둘째, 우리는 결코 혼자가 아니라는 것을 기억하라. 우리가 얼마나 외로움을 느끼든지 간에 우리는 결코 혼자가 아니다. 하나님이 우리와 항상 함께 계신다. 예수는 광야에서 시험 받으시면서 외로움을 아셨다. 또 겟세마네 동산에서의 고뇌를 아셨다. 그리고 십자가와 무덤에서의 고통과 극도의 쓸쓸함을 아셨다. 그분은 그렇게 혼자 계셨다. 그러나 사실은 그렇지 않았다. 그분은 아버지께서 자기와 함께 계시다는 것, 그리고 그것이 힘이 되고 있다는 것을 아셨다.

그러니 우리도 같은 신뢰를 가질 수 있다. 그것이 바로 시편 기자가 40편에서 말하고 있는 것이다.

내가 간절히 주님을 기다렸더니,
주님께서 나를 굽어보시고,
나의 울부짖음을 들어주셨네.
주님께서 나를 멸망의 구덩이에서 건져주시고,

진흙탕에서 나를 건져주셨네.
내가 반석을 딛고 서게 해 주시고,
내 걸음을 안전하게 해 주셨네.
주님께서 나의 입에 새 노래를,
우리 하나님께 드릴 찬송을 담아 주셨기에,
수많은 사람들이…… 주님을 의지하네.

한 친구에게서 뇌졸중으로 쓰러졌다가 회복기에 있는 환자를 심방했던 목사의 이야기를 들었다. 뇌졸중은 양 다리와 한 쪽 팔에 왔고 또 말을 거의 못하게 만들었다. 말을 할 수 없으니 의사소통이 어려웠고, 환자의 얼굴에는 낙담, 좌절, 외로움, 분노가 역력해 보였다. 환자가 그러니까 긴 시간 심방하기가 쉽지 않았다. 환자를 뒤로 하고 그의 아내와 이야기하거나, 그에게 말을 걸 때는 어린아이와 이야기하듯 아주 간단한 질문만 하고 싶은 유혹이 있었다. 그런데 심방이 끝나기 직전, 목사의 머리 속에 뇌졸중 환자 가운데 어떤 사람은 말은 못해도 노래를 부를 수 있다고 들은 것이 떠올랐다. 마침 성탄절을 며칠 앞둔 때여서 "고요한 밤, 거룩한 밤, 어둠에 묻힌 밤……" 하고 노래를 부르기 시작하자 그 환자도 한마디 한마디 목사를 따라 노래를 불렀다. 말을 더듬거나 끊어지지도 않은 채 똑같이 그도 불렀던 것이다 : "주의 부모 앉아서 감사기도 드릴 때……" 그러면서 그가 목사의 손을 꼭 잡았고 그의 부인도 기뻐하며 함께 불렀다 : "아기 잘도 잔다."

목사는 너무 기쁜 나머지 이렇게 말했다. "우리가 해냈지요. 환자가 웃었어요. 그리고 하나님께서 여기 계셨습니다."

그것이 우리가 믿는 복음이 아닐까! "하나님마저 더 이상 계실 수 없는 깊은 구덩이는 없다." 외로움의 고통과 스트레스를 느낄 때, 우리가 기억할 것은, 우리는 혼자가 아니라는 사실이다. 하나님이 우리와 함께 계신다!

 ## 외로움

1. 외로움과 고독 사이에는 큰 차이가 있다.
2. 외로움도 여러 가지가 있다.
3. 외로움에 대응하는 방법 : 교회에 나오라, 우리는 결코 혼자가 아니라는 것을 기억하라.

제8장 스트레스와 놓친 순간들

예수께서 길을 떠나시는데, 한 사람이 달려와서, 그 앞에 무릎을 꿇고 그에게 물었다. "선하신 선생님, 내가 영원한 생명을 얻으려면, 무엇을 해야 합니까?" 예수께서 그에게 말씀하셨다. "어찌하여 너는 나를 선하다고 하느냐? 하나님 한 분밖에는 선한 분이 없다. 너는 계명을 알고 있을 것이다. '살인하지 말아라. 간음하지 말아라. 도둑질하지 말아라, 거짓으로 증언하지 말아라. 속여서 빼앗지 말아라. 네 부모를 공경하여라' 하지 않았느냐?" 그가 예수께 말하였다. "선생님, 나는 이 모든 것을 어려서부터 다 지켰습니다." 예수께서 그를 눈여겨보시고, 사랑스럽게 여기셨다. 그리고 그에게 말씀하셨다. "너에게는 한 가지 부족한 것이 있다. 가서, 네가 가진 것을 다 팔아서, 가난한 사람들에게 주어라. 그리하면, 네가 하늘에서 보화를 차지하게 될 것이다. 그리고, 와서, 나를 따라라." 그러나 그는 이 말씀 때문에, 울상을 짓고, 근심하면서 떠나갔다. 그에게는 재산이 많았기 때문이다. (마가복음 10:17~22)

스트레스와 놓친 순간들

오스카, 그는 몇 해 전 테네시 주 멤피스에 사는 고등학생이었다. 뛰어난 육상선수였던 그의 주 종목은 800미터 달리기였는데, 테네시 주의 일인자가 되는 것이 그의 목표였다.

그는 주(州) 내 경기에서 일등을 차지하기 위해 육체적·정신적 자세를 가다듬으면서 일년이 넘게 열심히 노력했다. 하루도 거르지 않고 연습하는 것은 물론 꼭 필요한 음식만 먹고, 잠을 충분히 자고, 수십 킬로미터(아무도 얼마나 먼 거리를 뛰었는지 모를 만큼)를 뛰고, 800미터 경기의 일인자가 되는 것만을 마음속의 목표로 삼고 다른 모든 것들을 포기하고 희생하였다.

봄철이 오고 육상경기 시즌이 시작될 즈음, 오스카의 컨디션은 완벽했으며 최고조에 달해 그의 목표인 800미터 경기 주 챔피언이 될 만반의 준비가 되어 있었다. 연습경기를 재빨리 해치우고 시 예선, 지역 예선, 지구 예선을 거치는 동안 계속 신기록을 세우며 우승을 차지했다. 그리고 드디어 생애 최고의 날, 주 육상경기대회, 그중에서도 800미터 달리기 시간이 왔다!

준비자세를 갖추고, 출발신호가 울리자 오스카는 맨 앞으로 달려

나갔다. 트랙의 첫 바퀴를 돌았을 때 오스카는 혼자서 앞서 달리는 단연 우수한 모습이었다. 다른 주자들이 마지막 바퀴를 돌 때, 오스카는 마치 부드럽게 움직이는 기계처럼 유연하게 달리면서 주 최고기록 달성이라는 감격스러운 승리를 향해 빠르게 나아가고 있었다.

그러나 그때 오스카의 꿈이 악몽으로 바뀌는 일이 벌어졌다. 오스카의 대단한 경기모습을 보던 관중은 흥분에 사로잡힌 나머지 모두들 스탠드에서 일어나 격렬하게 환호하고 있었다. 그들 중 많은 사람들이 운동장의 난간 너머로 몸을 내밀고, 사진사들은 플래시를 터뜨리며 사진 찍기에 바쁘고, 일대 혼란이었다. 오스카는 당황한 나머지 자신이 완주하였다고 생각했다! 관중이 자신의 승리를 축하하고 있다고 생각하였던 것이다! 자기가 이미 승리했다고 생각한 오스카는 그 자리에 멈췄다! 결승점까지 약 10미터 가량 남은 지점에서 멈췄던 것이었다! 하나 둘씩 다른 주자들이 그의 옆을 지나가고, 오스카는 꼴찌를 했다!!

오스카가 결승점을 못가서 서버린 바람에 그의 희망, 노력, 연습, 훈련, 희생, 이 모든 것들이 헛된 것이 되어버렸다. 그는 승리의 목전에, 꿈의 실현 한치 앞에 이르렀다. 그렇게 가까이 있었지만, 그러나 아직도 그만큼 멀리 있었다!

몇 시간 전, 로마의 총독은 재판을 진행하고 있었다. 그의 이름은 빌라도. 그는 자기 앞에 서 있는 죄수가 무언가 좀 다르고, 독특하며, 특별하다는 것을 감지했다. 그는 그 죄수를 존중했다. 그리고 두려워했으며, 감탄했다. 그 죄수에게서 아무런 잘못을 찾을 수 없었다. 빌라도는 자기에게 죄수를 놓아줄 힘이 있다는 것도 알고 있었다.

예수의 생명을 자기 손 안에 쥐고 있었지만 그는 손을 씻었고, 예수는 십자가에 못 박혔다. 빌라도는 위대함에 가까이 있었다. 그렇게 가까이 있었지만, 그러나 아직도 그만큼 멀리 있었다.

또 한 사람, 유다가 있다. 그는 그리스도와 함께 살고, 함께 여행하였다. 매일 그리스도와 함께 걷고, 대화하고, 먹기도 했다. 그는 그분이 설교하시는 것을 듣고, 권능의 사역도 지켜보았으며, 그분의 사랑을 느껴보기도 했다. 그러나 상황이 거칠어지고 위기가 다가오자 유다는 그분을 팔아 넘겼으며, 입맞춤으로 배반했으며, 죽음에 이르도록 내주었다. 그리고 나서 그는 밖으로 나가 목을 매고 자살했다. 유다는 그리스도와 가까이 있었다. 그렇게 가까이 있었지만, 그러나 아직도 그만큼 멀리 있었다.

마가복음에 있는, 우리가 늘 부자 청년이라고 부르는 사람에 관한 기사를 읽을 때마다 '가까이 있지만, 그러나 아직도 멀다'는 표현이 내 마음속에 떠오른다.

예수님은 예루살렘으로(사실은 십자가를 향해) 가시는 중인데 부유한 젊은 관리가 달려와서 예수님 앞에 무릎을 꿇는다. 살펴보건대 그가 달려온 것은 열성을 가졌다는 표시요, 무릎을 꿇는다는 것은 존경과 경의의 표시다. 이렇게 보면, 이 젊은이가 불순한 의도를 가지고 예수님을 함정에 빠뜨리려(다른 사람들이 그랬던 것처럼) 하는 것이 아니라 정말 진지하게 "선하신 선생님, 내가 영원한 생명을 얻으려면, 무엇을 해야 합니까?" 하고 묻고 있음을 짐작할 수 있다.

예수께서 대답하시기를, "너는 계명을 알고 있을 것이다. 살인하지 말아라. 간음하지 말아라. 도둑질하지 말아라. 거짓으로 증언하지 말아라. 네 부모를 공경하여라."

"선생님, 나는 이 모든 것을 어려서부터 다 지켰습니다." 청년이 대답했다.

그러자 예수께서 사랑스럽게 그를 바라보시면서 말씀하신다. "그러나 너에게는 한 가지 부족한 것이 있다. 가서 네가 가진 것을 다 팔아서,

가난한 사람들에게 주어라. 그리하면 네가 하늘에서 보화를 차지할 것이다. 그리고 와서 나를 따라라."

이때 부유한 젊은 관리는 슬픈 모습을 띠면서 돌아간다. 왜? 그는 부자였기 때문이다. 앞의 이야기에서 거론된 오스카처럼, 부자 청년은 목표지점 못 미쳐서 멈춘다. 빌라도처럼, 그리스도로부터 자기의 손을 씻는다. 또 주님을 팔아 치운 유다처럼, 진리와 그렇게 가까웠고, 제자 됨의 자리에 그렇게 가까웠고, 영생과도 그렇게 가까웠다. 그렇게 가까웠지만, 그러나 아직도 그만큼 멀리 있었다.

이 이야기들은 우리 각자가 붙잡고 씨름해야 할 중요한 질문을 제기해 준다. 끊임없이 떠오르며, 깊이 살펴보는 그 질문은 : '우리는 그렇게 가까이, 그러나 아직도 멀리 있는 것은 아닌가?' 이다.

우리는 교인일 것이고, 매주일 교회에 나올 것이다. 그러나 질문은 여전히 귓전을 울린다. 그 질문은 여전히 우리의 대답을 기다린다.

우리는 그리스도의 가르침을 듣고, 권능의 사역을 지켜보면서도 여전히, 그리스도를 거부하고, 미리 멈추고, 그와 관계된 손을 씻고, 그를 팔아버리고, 입 맞추면서 배반할 수도 있다는 것을 보았다.

부자 청년은 고결하고 기품 있는 시민이었지만 믿음의 도약이 불가능했으며, 그리스도에게 온전한 헌신의 발걸음을 내딛을 수 없었다. 그는 착한 사람이었지만 우리가 아는 한 결코 그리스도의 제자가 되지는 못했다.

교인 가운데 퍽 많은 사람들이 고결하고 기품 있는 시민들이기는 하지만 저들이 결코 순종적이며, 희생적이고, 자기를 내어주는 그리스도의 제자가 되는 길을 가지 못하고 있다는 점은 교회 안의 큰 약점이다. 그들은 착하고 호의적인 사람들이지만 사실, 그들이 교회에 출석하고 봉사하는 것은 교회가 편리할 때나 편리하다는 전제가 있을 때뿐이다.

이 점은 웹스터 사전에도 잘 드러나 있다. 크리스천이란 단어의 몇 가지 정의 가운데 '기품 있고 세련된 또는 단정한 사람'이라는 것이 있다. 이 뜻을 너무 많은 사람들이 받아들이고 있지만 그것이 성경적인 정의는 아니다. 기독교란 멋있고, 기품 있고, 세련되고, 단정한 상태 이상 아무것도 아니라고 생각하는 그런 사람들에게 그리스도께서는 이렇게 말씀하시리라. "네게 한 가지 부족한 것이 있다! 그렇게 가까이 있지만, 그러나 아직도 그만큼 멀리 있도다!"

젊은 부자 관리의 경험에서 우리는 많은 것을 배울 수 있다. 그의 실패를 통해 우리는 이면에 담겨 있는 진실한 그리스도의 제자 됨의 기본적 특징을 배울 수 있다. 당신도 생각해 볼 수 있는 몇 가지를 제시하고자 한다.

1 진실한 그리스도의 제자들은 예수 그리스도께 개인적인 헌신을 보인다.

진정한 제자는 예수 그리스도에게 개인적으로 헌신한 사람들이다. 어머니와 아버지가 대신할 수 없다. 삼촌이나 고모 그리고 할머니가 대신할 수도 없다. 그것은 자신만의 개인적인 결단이요, 개인적인 의탁이다.

우리는 우리 자신의 믿음의 발자국을 내딛어야 하며, 그리스도를 우리 자신의 주님이요 구원자로 받아들여야 한다. 그것은 단호한 충성, 흔들림 없는 헌신의 사람이 되는 것을 필요로 한다.

친구 목사인 제임스 오지어(James Ozier)는 최근에 오늘의 기술사회에서 너나없이 겪는 경험을 했다. 그는 간단한 사안에 대해 알고 싶은 것이 있어서 신용카드 회사에 전화를 걸었다. 어떤 일이 있었는지 그가 해준 이야기를 들어 보자.

최근 신용카드회사에 용건이 있어서 회사의 전화 상담 서비스 센터에 전화를 걸었다! 안내에 따라 원하는 정보를 선택하도록 하는 녹음된 소리가 나왔다. 우리의 "대화"는 대략 이랬다 :

"안녕하세요. 여기는 소비자를 위한 자동 서비스 센터입니다. 계속 하시려면 귀하의 계좌번호를 눌러주시기 바랍니다." 그래서 내 계좌번호를 눌렀다.

"감사합니다. 계좌 잔고 확인을 원하시면 1번을, 인출을 원하시면 2번을, 청구내역에 이의가 있으시면 3번을, 신용한도 변경은 4번을, 상담원과의 통화를 원하시면 5번을, 안내 다시 듣기를 원하시면 6번을 눌러주시기 바랍니다."

내가 5번을 누르자, "감사합니다. 상담원과 통화하시려면 고객님의 우편번호를 눌러주시기 바랍니다." 시키는 대로 우편번호를 눌렀다.

이번엔 "감사합니다. 카드 재발급 문제를 상담하시려면 1번을, 카드 분실이나 도난신고를 하시려면 2번을, 성탄절 특별 현금서비스를 원하시면 3번을, 안내 다시 듣기를 원하시면 4번을, 그 밖의 문제로 상담을 원하시면 5번을 눌러주시기 바랍니다."

다시 5번을 누르자 이런 대답이 나왔다.

"감사합니다. 죄송합니다만 서비스 시간이 지났으니 내일 다시 걸어주시기 바랍니다!"

성경이 보여주고 있는 하나님의 방법은 이와는 정반대다. 하나님은 우리를 위해 언제나 그곳에 계시는 개인적인 신(personal God, 개개인을 보살피며 일대일의 친밀한 관계를 맺는 분이라는 의미에서/ 역자 주)이시다. 하나님은 우리에게 전화를 들고 기다리라거나, 연결을 끊거나, 내일 다시 전화하라고 하시지 않는다. 그분은 우리 각 사람과 친밀한 인간적인 자세로 관계를 맺으시는 보살핌과 사랑의 하나님이시다.

그러나 동전의 양면처럼 다른 모습도 있다. 우리는 하나님과 개인적으로 (일대일의) 관계를 맺어야 한다. 그런데 많은 사람들에게 아주 자주 실질적인 장애가 오는 것 또한 부정할 수 없는 사실이다. 그들은 하나님의 개입을 원치 않으며, 하나님께서 아주 가까이 오시는 것을 두려워한다. 그리고 하나님과 상업적인 대등한 관계를 유지하려 한다.

'친애하는 브라운 씨에게' 라는 글 속에서 해리 포스딕(Harry E. Fosdick)은 이렇게 말한다.

> 교인들 가운데는 중고품 (같은) 크리스천들이 수없이 많다. 그들의 신앙 정신은 생동감이 없고 형식적이다. 그들은 그것을 가족들로부터 물려받았거나, 친구들에게서 빌려왔거나, 결혼을 했거나, 또래들 속에 유행하는 의상 스타일처럼 익혀온 것이다. 저들의 교인 됨은 비판적 고백이 아니며, 유행 따라 믿는 시회적 지위니 체면의 일부일 뿐이다. 그러나 성격을 바꾸고, 힘과 용기를 북돋우며, 헌신적인 삶을 살도록 하고, 개인적 체험에 의해 하나님을 알게 하는 영혼의 심오한 경험들을 그들은 직접적으로 알지 못한다. 그들은 소문으로만 크리스천이다.

이런 일이 당신에게 일어나도록 해서는 안 된다. 중고품 같은 신앙 정신으로 채워서는 안 된다. 예수 그리스도를 당신을 위한 개인적인 주님이요 구원자로 받아들이고, 당신 인생의 주인이요 지배자로서 그분께 강하고 확고하게 개인적으로 의탁(헌신)하라.

미켈란젤로가 어렸을 때, 조각의 거장을 찾아가 자신을 제자로 삼아 달라고 청하였다. 위대한 예술가가 되는 길에 몰두하는 것에 대해 이야기를 나누던 중, 조각가가 미켈란젤로에게, "이 일은 자네의 삶 전체를 요구할 걸세!"라고 말했다. 그러자 "인생에 그 일 말고 무엇이 더 있겠어요?" 하며 미켈란젤로가 대답했다.

잘 들어야 한다! 그리스도는 지금 당신과 함께 계시면서 크고 분명하게 말씀하신다. 그 소리를 듣고 있는가? "너 자신을 부인하고, 성령의 꿈을 간직하고, 나를 따르라!"

자, 이제 무엇을 할 것인가? 당신 개인적으로 무엇을 할 것인가? 슬픈 기색으로 돌아설 것인가, 아니면 "인생에 그 일 말고 무엇이 더 있겠어요?" 하고 말할 것인가?

진정한 제자가 된다는 것은 많은 의미가 있겠지만, 확실한 것은 예수 그리스도께 개인적으로 강하게 헌신하는 것이다. 조금 못하다는 것은 '가까이 있으나 아직도 그만큼 먼 상태'를 의미한다.

2 그들은 거룩한 습관들에 대해 개인적인 헌신을 보인다.

얼마 전 식당에 갔을 때 메뉴를 보니 한쪽 부분에 "영혼의 양식(soul food, 원래 이 단어는 미국 남부 흑인들의 전통 양식을 가리키는 이름인데 단어 자체의 뜻으로만 보면 영혼의 양식이 된다/ 역자 주)"이라고 표시된 것이 있었다. 그 부분에 실린 목록을 보면 검정 완두콩, 통째로 구워 버터를 바른 옥수수, 으깬 감자, 열대 고구마 등이었다.

거창할 리가 없지 않은가? 그러나 그것들이 좋은 것이기는 하지만 영혼을 위한 음식들은 아니다. 진짜 "영혼의 양식(soul foods)"은 기도, 성경공부, 함께 하는 예배. 이런 것들이야말로 우리를 살찌게 하고, 발전시켜 주며, 성숙하게 하고, 생동적이며 영적으로 평안하고 건강하도록 지켜 주는 것이다. 그것들이 우리에게 에너지와 힘 그리고 역동성을 주는 거룩한 습관들이다. 그런데 때때로 우리가 그것들을 잊어버리는 것이 아닐까?

어니스트 캠벨(Dr. Ernest Campbell)이 앵무새를 사러 애완동물 가게에 갔던 여인에 대한 재미있는 이야기를 들려주었다. 그 여인이 말을 할 줄 아는 앵무새를 찾는다고 하자 주인은 '이놈이 말하는 새' 라고 하면서 한 마리를 내주었다. 고맙다는 인사를 하고 새를 가지고 집에 돌아온 여인은 그 새를 새장에 넣었다.

이틀 후, 여인은 다시 가게에 찾아가 새가 아직도 말을 못한다고 말했다.

"새장 안에 거울을 놓아두셨습니까?" 가게 주인이 물으면서 한마디 덧붙였다. "이따금 앵무새들은 거울 앞에서 우쭐대기를 잘 하는데 그러다가 말을 하게 되기도 한답니다."

그래서 그 여인은 거울을 하나 사다가 새장에 들여 놓았다. 그런데 이튿날 여인이 또 가게를 찾았다. 불행하게도 앵무새는 여전히 말할 생각을 안 하는 것이었다.

"사다리를 놓아 주세요. 앵무새들은 사다리에 오르는 것을 좋아한답니다. 그게 말하도록 자극이 되기도 하거든요." 주인이 말했다.

여인은 주인 말대로 사다리를 사다가 놓아 주었지만 여전히 앵무새는 짹짹거리지도 않았다.

"그네를 놓아 주세요. 앵무새는 그네 타며 즐기는 걸 좋아하거든요. 그러면 분명히 묘기를 부리지요." 그 여인은 고분고분 그 말대로 또 그네를 사다가 새장에 놓아 주었다.

이튿날, 가게를 다시 찾은 여인은 "간밤에 새가 죽고 말았어요."하고 슬프게 말했다.

"죽었다니 참 안됐네요. 혹시 그놈이 죽기 전에 아무 말도 안하던가요?"

"네, 말했어요." 여인이 대답했다. "마지막 숨을 거두기 전에 새가 말하기를, '가게에서 음식은 팔지 않던가요?' 라고요."

이야기 끝에 어니스트 캠벨이 지적한 요점은 이랬다. 우리는 얼마나 뽐내기 위해 거울을, 보다 높이 오르기 위해 사다리를, 그리고 쾌락을 위해 그네를 쉽사리 사는가. 그러나 우리의 영혼을 위한 음식은 어디에 있는가?(Preaching, 1991. 3~4, p.57)

만약 우리가 진정한 영혼의 양식을 소홀히 한다면, 우리는 영적으로 굶어죽게 된다. 앞서의 이야기처럼 아주 단순한 것이다. 참된 제자들은 그리스도에게 개인적으로 강하게 헌신하며, 거룩한 습관들에 대해서도 개인적으로 강한 헌신을 한다. 당신의 삶에서 이런 것들이 멀어지지 않도록 하라.

3 그들은 삶의 한 방편으로서의 사랑에 대해 개인적인 헌신을 보인다.

마가복음 10장에 있는 젊은 부자 관리의 이야기에는 아주 재미있는 내용이 들어 있다.

예수님과 부자 관리가 십계명에 대해 이야기하고 있을 때, 그 내용은 단지 우리와 다른 사람들과의 관계들에만 머물고 있다 : 살인하지 말라, 간음하지 말라, 거짓 증언을 하지 말라, 네 부모를 공경하라.

이것으로 무엇을 할 것인가? 십계명 중 하나님 사랑에 관한 조항들은 여기 빠져 있는데 왜 그럴까?

우리가 하나님을 사랑하는 것을 보이는 가장 좋은 방법은 바로 다른 사람들을 사랑하는 것이기 때문이다! 하나님의 자녀들을 사랑하는 그것을 통해서! 나의 친한 친구가 적절한 표현을 해준 적이 있다. "내가 처음 크리스천이 되고 나서 얼마나 기쁘던지 하나님을 끌어안고 싶었다네.

해가 지나면서 난 하나님을 끌어안는 방법이 곧 하나님의 백성을 끌어안는 것임을 배웠지."

그의 말이 옳다. 예수께서 하신 말씀을 기억해 보라. "네가 이 작은 자에게 한 것이 곧 나에게 한 것이니라."

얼마 전, 듀크 대학에서 흥미 있는 조사를 한 적이 있다. 이것을 통해 발견한 것은, 정말로 행복하고 충만한 오늘을 사는 사람들은 자기 자신보다 더 큰 어떤 것에 헌신하는 사람들이었다는 사실이었다. 그 사람들은 의미와 목적, 그리고 사명을 인식하고 있으며, 위대한 이상에 헌신한다. 당신은 행복하기 원하는가? 충만하기를 원하는가? 그러면 삶을 통째로 그리스도에게 내 맡기라. 거룩한 습관들에, 사랑에 자신을 내 맡기라. 끝에 못 미치는 것은 '가까이 있으나 아직도 그만큼 먼 것' 이다.

 **그리스도의 진실한 제자 되기 위한 기본 특징**

1. 진실한 그리스도의 제자들은 예수 그리스도께 개인적인 헌신을 보인다.
2. 그들은 거룩한 습관들에 대해 개인적인 헌신을 보인다.
3. 그들은 삶의 한 방편으로서의 사랑에 대해 개인적인 헌신을 보인다.

제 9 장 스트레스와 정서적 고통

내가 눈을 들어 산을 본다. 내 도움이 어디에서 오는가? 내 도움은 하늘과 땅을 만드신 주님에게서 온다. 주님께서는, 네가 헛발을 디디지 않게 지켜주신다. 너를 지키시느라 졸지도 않으신다. 이스라엘을 지키시는 분은, 졸지도 않으시고, 주무시지도 않으신다. 주님은 너를 지키시는 분, 주님은 네 오른쪽에 서서, 너를 보호하는 그늘이 되어 주시니, 낮의 햇빛도 너를 해치지 못하며, 밤의 달빛도 너를 해치지 못할 것이다. 주님께서 너를 모든 재난에서 지켜주시며, 네 생명을 지켜주실 것이다. 주님께서는, 네가 나갈 때나 들어올 때나, 이제부터 영원까지 지켜주실 것이다. (시편 121편)

스트레스와 정서적 고통

플로리다 주의 보이스카우트 유년대에서 활동하고 있는 한 소년이 연기신호를 보내려 하고 있었다. 소년은 작은 불을 지핀 후 그 위에 담요를 덮었다가 자기의 메시지를 옮겨줄 깃털 같은 연기를 공중으로 띄우기 위해 담요를 걷어치웠다. 그런데 갑자기 몇 마일 밖에 있는 케나배럴 공군기지에서 거대한 연기구름을 뿜어내면서 우주선이 발사되었다.

소년이 위를 쳐다보다가 거대한 연기구름이 공중으로 올라가는 것을 보고는 감탄해서 소리쳤다. '와! 저것을 내가 했었더라면!'

당신도 그와 비슷한 경험을 해본 적이 있는가? 어떤 사람이 돌연히 무언가를 말하는 소리에 깊은 감동을 느낀 나머지 자신도 모르게 열심히 머리를 끄덕이면서, '와! 저 말을 내가 했었더라면!' 하고 생각한 적이 있는가?

그런 일이 내게 일어났다. 최근에 가까운 친구 한 사람이 찾아와 내 사무실에서 개인적인 대화를 나누고 있었다. 그녀는 30년 동안 함께 살던 남편을 잃었다. 그 동안 서로를 깊이 알고 사랑하며 지지해 주던 남편이 자신의 삶 속에서 떠나고 다시는 돌아올 수 없게 되자 그녀는 번민과 외로움 그리고 고통을 느꼈다. 이야기를 들으면서 나는 그녀를 안심시키고 격려하며 위로할 수 있는 적합한 말을 찾고 있었다.

우리는 믿음이 우리를 문제들로부터 비켜나게 해주지는 않지만, 사는 일이 힘겨울 때 어떻게든 계속 가도록 힘을 준다는 것에 대해 이야기를 나누고 있었다. 내가 목회자로서 그녀를 위해 뭔가 말하려고 하고 있는 그때, 그녀가 오히려 내게 그런 심정으로 말을 건넸다.

"때때로……, 때때로 말이죠, 우리는 틀림없이 고통을 통해 나아가야만 하지요!"

나는 속으로 생각했다. "와! 저 말을 내가 했었더라면…… 저 말이 정말 진실인데!"

의심할 여지가 없지 않은가. 이 세상에 사는 동안, 스트레스는 올 것이고, 고통도 올 것이며, 가슴 아픈 일도 올 것이다. 때때로 우리는 고통 속을 거쳐 걸어야만 한다. 그렇지만 기독교인으로서 우리는 결코 홀로 걷는 것이 아니라 하나님이 우리와 함께 걸으신다는 것을 인식하면서 걷는 것이다. 후에 그녀가 남긴 말을 생각하는 사이 내 마음에는 여러 가지 생각이 들었다.

홍해 앞에 다다른 유대인 어린아이들과 모세의 모습이 생각났다. 그들의 고통과 번민이 느껴졌다. 바로의 강력한 군대는 뜨거운 열기 속에서 분노의 추격을 해오고, 유대인들은 홍해를 앞두고 갇힌 신세가 되었다. 그때 무슨 일이 일어났는가. 모세가 홍해를 통해서 그들을 인도하지 않았는가. 홍해를 넘어서도, 그 밑으로도, 또는 돌아서도 아니고 바로 홍해를 **통해서** 모세는 그들을 이끌고 간 것이다. 그들은 공포에 질린 채 희망도 없는, 겁나는 곤경 속에 있었다. 아무리 해도 빠져나갈 곳을 찾을 수 없었다. 그러나 하나님이 그들에게 말씀하셨다. "나를 의지하고 앞으로 나아가라 : 홍해를 거쳐 나아가라!" 그들은 그 말씀을 따랐다! 그들은 고통 속을 통과해 걸었으며 하나님은 그들과 함께 계셨다.

또 십자가를 향해 걸어가신 예수를 노래한 영가가 떠올랐다.

외로운 골짜기를 예수 걸었네.
오직 혼자서 가야만 했네.
그를 위해 아무도 가줄 수 없는,
오직 그 혼자서 가야만 했네.

여기 등장하는 통한의 단어들은 아마도 요한복음의 구절에서 온 것 같다. 예수께서 제자들에게 자신이 예루살렘에 가서 십자가에 달려야 한다고 말씀하신다 :

"나는 이제 해야 할 일을 위해 가겠지만 너희들은 나를 떠나, 모조리 흩어지고 나만 홀로 남겨 두리라. [그러나 급히 덧붙이기를] 그래도 나는 혼자 있지 않으리니 아버지께서 나와 함께 계시기 때문이다."

이것이야말로 믿음의 기쁜 소식이 아닌가? 고통 속을 걸어갈 때 우리는 홀로 있는 것이 아니라 하나님이 함께 계신다. 그분은 그늘진 골짜기를 지나 맞은편 산꼭대기로 우리를 데려가실 것이다.

모세와 예수의 이야기에 덧붙여, '고통을 통해 나아간다' 는 표현은 또 시편 121편을 상기시켜 준다 :

내가 눈을 들어 산을 본다.
내 도움이 어디에서 오는가?
내 도움은 하늘과 땅을 만드신 주님에게서 온다.
주님께서는……,

너를 지키시느라 졸지도 않으신다.

이 시는 시편의 여러 시 중에서도 가장 아름다운 것 가운데 하나다. 독특한 이 시의 배경은 이해하기 쉽고 매력적이다.

고대에는, 신자들이 예루살렘으로 정기적인 순례를 했는데, 그 순례의 대부분은 여러 날 걸리는 아주 먼 여정이었는데, 자동차도, 버스도, 전철도, 고속열차도 없이 그저 처음부터 끝까지 걸어야만 했다.

보통 밤에는 사막에 천막을 치고 지냈는데 그러다 보니 취침 중에 습격할지도 모르는 도둑이나 맹수들 때문에 언제나 불안했다. 그래서 스스로를 지키기 위해 경비나 파수꾼을 근처 언덕 꼭대기에 배치하여 위험한 조짐이 보이면 경고의 소리를 내도록 하였다. 그런데 파수꾼이 잠들어 버리면 어떤 일이 일어날까? 그러면 누가 불시의 습격으로부터 우리를 지켜줄까?

그런 마음으로 앞서의 시를 다시 읽어 보라 : "내가 눈을 들어 산을 본다. 내 도움이 어디에서 오는가? 내 도움은 주님에게서 온다. 그분은 졸지도 주무시지도 않는다."

알다시피, 이것은 신뢰의 노래다. 하나님은 우리를 위해서 결코 잠들지 않으신다. 우리는 하나님을 신뢰할 수 있고, 의지할 수 있다. 그분은 우리와 함께 고통의 길을 걸으시면서 우리 삶이 어디로 향하든지 우리의 순례 길을 지켜보신다.

나의 자랑스러운 소지품 중 일부는 사람들이 자신의 서재에서 뽑아 준 책들이다. 남부의 위대한 성인 중 한 사람인 러셀(J. R. Russell)은 젊은 목회시절, 내 인생에 큰 영향을 주신 분이다. 임종 직전, 그분은 자신의 서재에서 몇 권의 책을 골라서 내게 주셨다. 내가 그 책들을 아끼는 것은 단지 그 책들이 러셀에게 특별한 것이었기 때문만이 아니라, 그 책을 읽을 때마다 그가 책갈피 여백에다 적어놓은 내용들을 보면서 자주 나 자신의 깊이를 더하게 되었기 때문이다.

최근, 시편에 대한 러셀의 주석을 살펴보다가 그가 121편이 있는 지면 가장자리에 무언가 써 놓은 것을 보았다 : "연극 '남태평양(South Pacific)'에서 매리 마틴이 '나는 희망이라고 부르는 마약 같은 것에 사로잡혔다네, 그리고 내 마음에서 그것을 끄집어낼 수가 없어.' 라고 노래했다."

시편 기자가 121편에서 강조하고 있는 것이 바로 이것이다. 비록 고통스런 길을 갈지라도 하나님이 우리와 함께 걷고 계시기 때문에 우리는 희망과 힘과 확신을 가질 수 있다. 특히 우리 자신의 힘으로 더 이상 갈 수 없을 때 그분은 언제나 위에서 우리를 지켜보신다.

고통은 우리가 피할 수 없는 삶의 한 부분이며 인간은 누구나 고통을 만나게 된다. 그러므로 우리는 고통의 과정을 통해 걸어가는 법을 배울 필요가 있다.

1 때때로 우리는 실망이라는 고통의 길을 걸어가야 한다.

실망은 삶의 한 사실이다. J. 월레스 해밀튼(J. Wallace Hamilton)은 "삶이란 모든 사람에게 있어 자신의 삶의 이야기를 쓰려고 하거나 아직 안 쓴 어떤 것을 써 넣어야만 하는 하나의 일기"라고 말했다.

밀턴은 실명했으며, 베토벤은 청력을 잃었고, 파스퇴르는 중풍에 걸렸으며, 헬렌 켈러는 벙어리에 귀머거리 그리고 벙어리였고, 사도 바울은 스페인에 가길 원했으나 로마 감옥에 갇히는 신세가 되었다. 그러나 그들이 절망으로 무너졌는가? 단연코 그렇지 않았다! 그들은 각각 절망을 성공의 도구로 바꾸었다.

우리도 하나님을 힘입어 그들처럼 할 수 있다! 진실로 패배를 승리로 바꾸는 것, 이것이야말로 모든 크리스천의 소명이다. 십자가가 말해 주는 것도 바로 이것이다. 레슬리 웨더헤드(Leslie D. Weatherhead)는 이렇게 표현했다 : "십자가는 제자들에게 패배처럼 보였다. 그 패배란 세상으로부터의 패배요 예수님의 패배처럼 느껴졌지만, 하나님은 그것을 그의 가장 위대한 승리로 만드셨다."

앞서 언급한 사람들이 그랬듯이, 어떻게 하면 우리가 고통을 창조적으로 겪는 것을 배울 수 있을까? 어떻게 절망을 승리의 도구로 전환시킬 수 있을까? 몇 가지 실질적인 제안을 살펴보면 다음과 같다.

- 실망의 순간들을 만날 때 그런 일은 누구에게나 온다는 것을 인식하라.
- 그것들에 대항하여 우리가 약간 반항할 수도 있음을 이해하라(얼마간 그렇게 하는 것은 당연하다. 삶이 상처받는 것을 물렁한 베개가 주먹질을 당하는 것처럼 아무렇지 않게 받아들일 수는 없으니까).
- 자신의 불운을 남의 탓으로 여기며 비난하는 것을 조심하라(희생양이 필요한 것이 아니라 구원자가 필요한 것이니까).
- 억눌린 에너지를 창조적으로 발산할 배출구를 찾아라(밖으로 이야기하거나 건설적으로 처리하라).
- 한 번에 하루씩 살며 삶을 이어가라(매주간 속에 우리가 걱정할 필요가 없는 이틀, 바로 어제와 내일이 있다).
- 실망을 하나님을 섬기기 위한 독특한 기회로 보라.
- 하나님을 우리와 함께 계시며, 우리를 지탱시켜 주시며, 우리에게 또 다른 문을 열어주시는 분으로 신뢰하라.

그러니 실망이 다가올 때, 하나님이 당신과 함께 계시며 당신을 꿰

뚫어 속속들이 살피실 것을 깨닫고 고통을 통해 걸어가라.

2 때때로 우리는 거절이라는 고통의 길을 걸어가야 한다.

당신은 살아오면서 거절당하거나, 따돌림당하거나, 밖으로 내몰린 적이 있는지 묻고 싶다. 그것은 몹시 무서운 경험이다! 심리학자들이 사랑하는 사람을 잃는 것보다 이혼하는 것이 더 고통스러울 수 있다고 말하는 까닭도 바로 그것이다. 이혼이 불필요한 존재로 여김 받고, 무시당하고, 거절당하는 고통스러운 차원의 느낌을 동반하는 것도 바로 그런 이유다. 내게 감동을 안겨주었던 편지가 있는데 그 일부를 여기 소개한다.

제임스 목사님,
매주일 채널 2에서 방영되는 성 누가교회의 예배에 대해 저의 남편 톰과 제가 얼마나 감사히게 여기는지 목사님께 편지로 알려드리고 싶었습니다. 제 남편은 지금 심한 질환으로 하루 24시간 산소호흡기에 의지해 살고 있답니다. 2년 전 심하게 앓다가 죽음 직전에 이르기 전까지 제 남편은 건강하고, 열정적이며, 에너지가 넘치는 사람이었습니다. 그렇게 삶이 변한 후 우리는 앞에 놓인 것이 무엇이든 주님께서 이끌어주신다는 것을 믿으면서 그분의 손을 붙잡고 그저 하루하루 살고 있습니다. 우리 내외는 매주일 목사님이 인도하시는 예배를 통해 큰 힘을 얻으면서 감사하고 있음을 알려드리고 싶었습니다.
아무쪼록 저희들을 위해 기도해 주시기 바랍니다. 이 어려운 형편에 처한 저희를 지탱하게 도와주는 것은 바로 믿음의 벗들이 드리는 기도라는 것을 우리는 잘 알기 때문입니다.

이 편지는 나를 감동시키고 내 영혼에게 여러 가지 혼합된 감정을 불러일으켰다. 한편으로는 텔레비전을 통해 우리 교회가 사람들에게 다가갈 수 있다는 것에 기쁨을 느꼈으나 동시에, 그 부부와 그들이 살아온 과정에 대해 깊이 마음이 가는 것을 느꼈다. 안에서만 사는 것은 고통스러운 것이 틀림없지만 더 나쁜 것은 갇혀 사는 것이다! 거절당하는 것은 삶에 있어서 가장 괴로운 경험이다. 그렇기 때문에 교회 안에 있는 우리들은 더욱 포용적이어야 한다!

우리는 "누구든지 와도 좋다."는 그곳으로 사람들을 데려오기 위해 여기 있는 것이다. 여기서는 모든 사람이 환영받고, 받아들여지며, 사랑받는다. 그러니 당신이 거절당한 느낌이 들 때면 하나님과 교회를 향해 돌아서도록 하라. 하나님은 물론 하나님의 교회가 당신을 받아준다. 세상 어디에서도 당신을 받아주지 않는다고 느낄 때, 교회로 오라. 그러면 교회가 팔을 벌려 당신을 받아줄 것이다.

교회가 우리를 있는 그대로 받아주지만 또한 더 나아지도록 밀어준다는 것, 이것이 내가 교회를 사랑하는 이유 중 하나다. 당신이 거절당하고 있다고 느낄 때, 하나님과 교회가 당신에게 관심을 기울이며 당신과 함께 걷고 보살핀다는 사실을 깨달으면서 고통을 통해 나아가라. 때때로 우리는 실망의 고통, 또 거절의 고통이 있는 그 길을 통해 걸어가야 한다.

3 때때로 우리는 슬픔이라는 고통의 길을 걸어가야 한다.

어린 시절의 따뜻한 기억 중 하나는 다섯 살 때 겪었던 일이다. 우리 집 근처에 사시는 할머니와 하루 종일 지내다가 저녁쯤 되었을 때 심한 폭풍이 불어닥쳤다.

"얘, 짐아, 날씨가 이 모양이니 너를 어떻게 집에 데려다 주지?" 할머니가 이렇게 말씀하셨는데 잠시 뒤 대답이 왔다. 바로 아버지가 문 앞에 오신 것이었다. 나를 데리러 거기에.

바람은 계속 불고, 비는 퍼붓고, 전등은 깜박거리고, 구름 뒤에서 번개가 치는 등 폭풍은 멈출 기세를 보이지 않았다. 깜깜하고 겁나는 밤이었다. 우리 집이 멀지는 않았지만 폭풍은 심하고 더욱 거세지고 있었다.

푸른색의 큰 우비를 입고 오신 아버지께서 할머니 집을 나설 차비를 하시고는 내게 이렇게 말하셨다. "얘야, 이 속으로 들어오렴." 코트로 나를 가려주신 후에 우리는 폭우가 내리는 속으로 나갔다.

비가 심하게 오고, 바람이 엄청나게 불고, 우비 속에서 나는 아무것도 볼 수 없었지만, 전혀 두렵지 않았다. 아버지는 우리가 가야 할 곳이 어디인지 알고 있었고, 나는 단지 믿고 그 손을 꼭 잡기만 하면 되었다. 얼마 안 있다가 우비가 벗겨지고, 우리는 집에 도착했다.

죽음이 그와 같다고 생각한다. 슬픈 경험도 그렇다. 하나님이 사랑의 보호막으로 우리를 덮어주시고, 우리의 손을 꼭 잡고 폭풍을 지나 우리를 인도하신다. 때때로 주변에 길도 없는데 우리는 그저 실망의 고통 길을 걸어가야 하고, 거절의 고통 길을 걸어가야 하고, 슬픔의 길을 걸어가야만 한다. 그러나 복음은, 우리는 결코 홀로 걷지 않는다는 것이다!

 **고통의 과정을 통해 걸어가는 법**

1. 때때로 우리는 실망이라는 고통의 길을 걸어가야 한다.
2. 때때로 우리는 거절이라는 고통의 길을 걸어가야 한다.
3. 때때로 우리는 슬픔이라는 고통의 길을 걸어가야 한다.

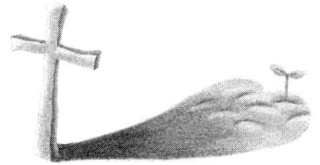

제 10 장 스트레스와 막힌 길

다음날 요한이 다시 자기 제자 두 사람과 같이 서 있다가, 예수께서 지나가시는 것을 보고서, "보아라. 하나님의 어린 양이다" 하고 말하였다. 그 두 제자는 요한이 하는 말을 듣고, 예수를 따라갔다. 예수께서 돌아서서, 그들이 따라오는 것을 보시고 물으셨다. "너희는 무엇을 찾고 있느냐?" 그들은 "랍비님, 어디에 묵고 계십니까?" 하고 말하였다. ('랍비'는 '선생님'이라는 말이다.) 예수께서 그들에게 대답하셨다. "와서 보아라." 그들이 따라가서, 예수께서 묵고 계시는 곳을 보고, 그날을 그와 함께 지냈다. 때는 오후 네 시쯤이었다. 요한의 말을 듣고 예수를 따라 간 두 사람 가운데 한 사람은, 시몬 베드로와 형제간인 안드레였다. 이 사람은 먼저 자기 형 시몬을 만나서 말하였다. "우리가 메시아를 만났소." ('메시아'는 '그리스도'라는 말이다.) 그런 다음에 시몬을 예수께로 데리고 왔다. 예수께서 그를 보시고 말씀하셨다. "너는 요한의 아들 시몬이로구나. 앞으로는 너를 게바라고 부르겠다." ('게바'는 '베드로' 곧 '바위'라는 말이다.) (요한복음 1:35~42)

스트레스와 막힌 길

또 한번 사건이 일어났다. 우드랜즈에 있는 고등학교에 강의하러 가는 길이었는데 시간도 늦고 교통은 혼잡하여 마구 달려가고 있었다. 내가 공립학교의 교사들에게 강의할 "창조적으로 스트레스 다루기"라는 주제를 생각하면서 하디 톨 거리를 힘차게 달려가다가, 너무 늦게 출발하는 바람에 또 한번 나 자신을 스트레스에 빠트리고 있음을 깨달았다.

"왜 내가 좀더 일찍 출발하지 않았을까?" 혼자서 안달을 하면서 가쁜 숨 사이로 중얼거렸다. 우드랜즈로 가는 전용도로에 들어섰을 때 신경질적으로 시계를 보았다. 나는 5분 후에 강연을 시작하게 되어 있었는데, 모든 게 잘 되기만 한다면, 그렇게 할 수 있었다.

몇 분 후, 학교가 보이는 지점에 이르렀을 때 안도의 숨을 내쉬면서 비로소 편안해졌다. 아, 목적지가 저기구나! 이제 내가 할 일은 한 번 더 회전하여 주차장에 들어가고, 캠퍼스를 가로질러 걸어가면 시간에 맞게, 어쩌면 1분쯤 일찍 제 자리에 설 수 있으리라.

그러나 그때 나는 내 눈을 믿을 수 없었다. 길이 파헤쳐진 채 바리케이드가 쳐지고 막혀 있었다! 나는 가야 할 곳을 볼 수는 있었으나 그곳으로 갈 수는 없었다. 이 무슨 낭패란 말인가! 목적지는 볼 수 있었으나,

내가 아는 유일한 그 길은 폐쇄되었다. 나는 미칠 듯이 차를 돌렸고, 여러 차례 이리 돌고 저리 돌고 길을 잘못 들기도 한 후에야(그때마다 차를 세우고 세 번이나 방향을 물었다), 20분 늦게 목적지에 도착했다. 개인적으로 보면 그때, 스트레스란 주제를 가지고 권위있게 강의할 준비를 갖추었다!

이번 주, 사도 바울이 쓴 로마서를 연구하면서 그때의 좌절했던 경험과 막힌 도로를 생각했다. 로마서 15장에는 이런 구절이 있다. "내가 스페인으로 갈 때에, 지나가는 길에 여러분을 만나 보고, 잠시 동안만이라도 여러분과 먼저 기쁨을 나누려고 합니다.(롬 15:23b~24a)"

"내가 스페인으로 갈 때에," 바울이 이렇게 말했는데, 무엇보다도 그는 스페인에 교회를 세우기 원했고, 마음속으로 그렇게 결심했다! 당시 알려진 세계관으로 보면 그곳은 세상의 끝이었는데 복음을 들고 거기로 가려 했던 것이다. 그러나 그는 결코 그곳에 가지 못했다! 그를 위한 길은 막혀 있었다! 대신 그는 로마의 감옥으로 갔다!

그의 경험 속에는 우리가 들어야 할 것이 있다. 왜냐하면 우리 모두는 앞길이 막힌 데서 오는 좌절을 (아주 잘) 알기 때문이다. 우리는 모두 마음에 비통함을 안겨주는 절망을 처리하여야 한다. 또한 무너진 계획들, 미루어진 희망들, 실현되지 못한 꿈들 그리고 괴롭게 돌아가야 하는 것들을 처리해야 한다.

막다른 길에 도달했을 때 무엇을 해야 하나? 어떻게 처리해야 할까? 이런 종류의 절망적인 상황에서 취할 몇 가지 합리적인 방법들을 찾아 보자.

1 화를 낼 수는 있으나 그것은 정말 도움이 되지 못한다.

앞길이 막히고 갈 길이 차단되었을 때, 당신은 비통해지고, 적대적이 되며, 화가 나고, 미칠 수 있다. 일부 사람들이 이렇게 하는 것은 확실하다.

내가 아는 한 사람이 여러 해 전, 목사가 되기를 원했는데 사정이 생겨서 장학금을 놓치게 되었다. 목회를 향한 여정을 가는 그의 앞에 우회하라는 신호가 나타나자 그는 화가 났다. 이것이 30년 전의 일이었는데 그는 지금까지도 비통해하고 있다. 그는 신학교를 중퇴하고 다른 직업을 잡았다.

그는 더 이상 교회 오지 않는데, 그러면서 거칠고 비판적으로 변해 갔다. 그가 먼저 다가오지 않는 한 교회의 그 누구도, 그 무엇도 해줄 수 없다. 그는 끊임없이 사람에게 독이 되는 화를 품고 다니며 세상에 대해 화가 나 있다. 교회에 대해서, 그리고 하나님께도 화가 나 있다. 그것은 참으로 비극이 아닌가?

2 앞길이 막혔을 때 자기 연민에 빠질 수 있다.

그러나 그런 것은 정말 도움이 되지 못한다. 당신의 길이 차단되었을 때, 낙담하고, 울고, 자신을 가엽게 느끼고, 그럴 수 있지만 그것은 일부 사람들이 하는 것이다. 그들은 "아, 슬프다!" 하면서 울기도 하고, 자기 연민에 빠져 살아간다.

나는 과거에 겪은 개인적인 실망 때문에 지금도 슬픔이라는, 자기 스스로 만든 감옥 안에서 살고 있는 한 여성을 안다. 내가 만약 당신을 그 집에 데려간다면 그녀는 당신을 안으로 불러들이고는 이내 자기에게 일어났던 지겨운 일에 관해 아주 소상하게 말하기 시작할 것이다 : 자신의 희망이 어떻게 박살이 났는지, 어떻게 혼이 빠졌었는지, 사람들이 자기에게 얼마나 시큰둥해 하고 무시했는지, 그래서 자신이 얼마나 실망했는지를.

그녀의 이야기가 하도 생생해서 아마도 당신은 그런 일이 지난 주간이나 그 전 주간, 아니면 적어도 한 달 이내에 일어났으리라고 생각할지도 모른다. 그러나 사실 그 일은 37년 전에 있었던 것이다. 37년 동안, 그녀는 자기 연민의 감옥에서 살기로 작정했던 것이다!

참으로 비극이 아닌가? 그러나 그것은 또 가능한 반응이기도 하다. 앞길이 막혔을 때 당신도 낙담하고 자신을 가엾게 여기면서 "왜 이런 일이 내게……." 하고 자기 연민에 빠질 수 있다. 그러나 그게 무슨 도움이 되는가? 단지 인생과 에너지의 낭비일 뿐이다!

3 앞길이 막혔을 때 여정을 포기할 수 있다.

당신은 항복을 할 수도 있고, 되돌아 설 수도 있고, 여정 전체를 포기할 수도 있다. 어떤 사람들은 바로 그렇게 하기도 한다. 포기! 삶을 포기한다. 그리고 항복한다! 물론 그들은 돌아다니고, 말하고, 숨쉬고 하지만 진짜로 살아있는 것은 아니다. 왜냐하면 그들은 삶 자체를 포기한 것이니까. 이에 대해서 레오 버스칼지아(Leo Buscaglia)는 「살아가기, 사랑하기, 배우기」라는 책에서 명쾌하고 화려한 언어로 말한 바 있다.

나는 꽤 자주 돈키호테와 나를 동일시한다. 이 괴짜 녀석은 풍차를 향해 돌격하곤 하였다! 물론 풍차를 쳐부술 수 없지만 그는 그 사실을 알지 못했다. 그는 풍차에 덤비지만 곧 엉덩방아를 찧고 만다. 그래도 곧 일어나 또 덤비고 또 넘어지고 하였다. 그 책을 다 읽고 내려놓았을 때 그 친구의 엉덩이에 못이 박혔을지도 모르지만 그래도 인생을 멋지게 살았다는 생각이 들었다. 자신이 살아있다는 것을 알고 있었으니까. (Leo Buscalgia, *Living, Loving, and Learning*)

그리고 레오 버스칼지아는 힘차고 감동적인 말을 덧붙였다 : "오! 하나님, 당신께서 전혀 존재한 적이 없다는 결론에 이를 때는 바로 제가 죽을 때에 이르렀다는 것일 뿐입니다!" 사람이 삶을 포기할 때 그것은 얼마나 비극인가. 그것은 아주 엄청난 낭비다!

4 누군가에게 비난을 퍼부을 수 있다.

당신의 앞이 꽉 막히고 길이 차단되었을 때 (님을 향해) 손가락질을 해댈 수 있다. 시청이나 도지사, 혹은 대통령 아니면 공산당, 그것도 아니면 교회를 비난할 수 있다. 당신의 남편이나 아내, 혹은 자녀들에게 비난을 퍼부을 수 있다. 이웃사람들이나 사돈의 팔촌을 비난할 수 있다. 심지어 하나님까지도 비난할 수 있다. 일부 사람들이 하는 행동이 아닌가?

아니, 때때로 우리 모두가 하는 행동은 아닐까? 일이 꼬여가고, 실망을 느끼고, 삶이 씁쓸해지고, 좌절감을 느낄 때, 우리는 비난 대상을 찾는다. 그러나 이것 역시 시간과 인생, 그리고 에너지의 낭비다. 그렇다면 우리 앞의 도로가 막혔을 때 우리는 무엇을 해야 하는가? 바울에게서 도움을 찾아 보자. 그가 한 대로 할 수 있을 것이다.

다른 길을 찾을 수 있다. 이렇게 하는 것이야말로 창조적이고 크리스천다운 대응이 아닐까? 다른 길을 찾아라!

바울은 스페인에 가기를 원했다. 그러나 그 길이 막혀 갈 수 없었고 대신 그는 로마의 감옥으로 가게 되었다. 이런 낭패가 있나! 크나큰 실망이요, 인생의 대 추락이다. 그렇다고 바울이 화를 냈던가? 아니다! 자기 연민으로 돌렸던가? 아니다. 삶을 포기했던가? 아니다! 그렇다고 다른 사람을 비난했던가? 그것도 아니다!

그는 무엇을 했는가? 다른 길을 찾았다! 감방 안에서 펜을 들고 필경사의 도움을 받아가면서 양피지 조각 위에 글을 썼다. 그때의 글들이 오늘날 우리가 신약성경이라고 부르는 것의 대부분이 되었다. 20년간의 끊임없는 선교여행 끝에 바울은, 오랜만에 비로소, 감방 안이기는 하지만, 생각하고 명상할 시간, 그리스도의 신비를 깊이 탐구할 시간, 그리고 그것을 모두 기록할 수 있는 시간을 가졌다.

신약성경의 대부분은 감옥 안에서 쓰여졌다. 바로 그 점을 생각하라. 만약 바울의 앞길이 차단되지 않았더라면 우리는 더 초라해지지 않았을까? 감방 안에서 기록된 그의 말들이 스페인뿐 아니라 바울 자신이 꿈꾸거나 상상한 곳보다 더 멀리 퍼져갔다. 그때의 실망으로부터, 좌절로부터, 막혀버린 길로부터 바울의 위대한 공헌은 세계로 이어졌다. 하나의 길이 막혔을 때 바울이 화를 내거나, 자기 연민에 빠지거나, 멈추거나, 비난의 대상을 찾거나 하는 것으로 만족하지 않았기 때문이다. 그는 창조적이고 크리스천다운 반응, **곧 다른 길을 찾은 것이다!** 그리고 하나님은 은총의 기적을 통해서 그것을 더 나은 길로 만드셨다! 그래서 역사는 그와 같은 경험들로 채워져 있는 것이다 :

토마스 에디슨(Thomas Edison)은 신문업계에서 일하고 싶은 희망을 품고 열차 안에서 신문 파는 일을 하였다. 그렇지만 화물칸에다 산화물

질을 엎질러 불이 나게 하는 바람에 해고되고 말았다. 그 사고(앞길이 막혀버린 것과 같은) 이후 그는 전신과 과학적 탐구로 방향을 돌렸다.

링컨(Abraham Lincoln)은 46세 때 비참한 실패를 했다고 느꼈지만 그 때 백악관을 향해 방향을 돌렸다.

존 웨슬리(John Wesley)가 조지아에서 벌인 인디언 선교활동은 형편 없는 실패로 끝났지만, 그 실패가 그를 마음이 뜨거워지는 경험으로, 그리고 후에 감리교회의 탄생으로 이끌었다.

휘슬러(James McNeill Whistler, 1854~1901, 미국의 저명한 화가-식각도안/ 역자 주)는 군인이 되기를 원하여 사관학교에 들어갔다. 그러나 화학시험에 실패하여 뜻을 못 이루었고 그는 이내 예술분야로 방향을 돌렸다. 후에 그는 회심의 미소를 지으며 말했다 : "만약 실리콘이 가스(gas)였다면 나는 육군 소장이 되었을 것이다."

에드가 버겐(Edgar Bergen, 1903~1978, 미국의 코미디언, 복화술사/ 역자 주)은 사진에 관한 책을 사기 위해 송금을 했으나 출판사의 실수로 사진집 대신 복화술에 관한 책을 받았다.

예수 그리스도는 30대 초반(막혀버린 길에 대해 이야기해 보자!)에 십자가를 향해 갔으나 하나님은 그를 통해 가장 위대한 승리를 이뤄내셨다.

그러니 당신의 '스페인'을 놓쳤더라도 포기하거나 물러서지 말아라. 단지 하나님께서 당신의 여정을 위해 더 나은 길을 예비하실 것이라는 사실을 기억하라. 만약 당신의 스페인을 놓쳤더라도 "이것을 어떻게 견딜 수 있을까?" 이렇게 묻지 말고, "이 문제를 어떻게 끌어안고 더 나은 방향으로 활용할 수 있을까?"라고 물어라. 만약 당신이 자신만의 스페인을 놓친다면, 즉 앞길이 막혔다면, 항복의 표시로 수건을 던지지도 말고, 돌아서지도 말고, 여정을 포기하지도 말라. 그저 하나님의 도움을 받아들이고 다른 길을 찾아보라.

    요한복음 1장 35~42절에 보면, 안드레가 시몬을 예수께 데리고 온다. 안드레는 그의 신앙 여정에서 막다른 골목에 처하는 경험을 많이 하면서 이 길, 저 길, 또 다른 길도 찾아보았지만 어떤 길도 그를 원하는 곳으로 인도하지는 못했다. 그런 그가 예수님을 만났다! 그는 길을 찾은 것이다! 그리고는 즉시 자기 형제를 데리러 갔다. 그는 길을 찾았고 그 기쁨을 자기 형제와 나누고 싶어 했다. 참 멋진 행동 아닌가?

    "산 위에 올라가서 전하라(Go Tell It on the Mountain)."는 내가 즐겨 부르는 찬송 가운데 하나인데, 그 가사는 다음과 같다 : "산 위에 올라가서 언덕 너머 모든 곳에 전하라 우리는 구세주를 가졌노라고. 산 위에 올라가서 언덕 너머 모든 곳에 전하라 예수 그리스도는 길이요, 진리요, 생명이라고!"

 **앞길이 막혔을 때?**

1. 화를 낼 수는 있으나 그것은 정말 도움이 되지 못한다.
2. 앞길이 막혔을 때 자기 연민에 빠질 수 있다.
3. 앞길이 막혔을 때 여정을 포기할 수 있다.
4. 누군가에게 비난을 퍼부을 수 있다.

제 11 장 스트레스와 도덕적 선택

거짓 예언자들을 살펴라. 그들은 양의 탈을 쓰고 너희에게 오지만, 속은 굶주린 이리들이다. 너희는 그 열매를 보고 그들을 알아야 한다. 가시나무에서 어떻게 포도를 따며, 엉겅퀴에서 어떻게 무화과를 딸 수 있겠느냐? 이와 같이, 좋은 나무는 좋은 열매를 맺고, 나쁜 나무는 나쁜 열매를 맺는다. 좋은 나무가 나쁜 열매를 맺을 수 없고, 나쁜 나무가 좋은 열매를 맺을 수 없다. 좋은 열매를 맺지 않는 나무는, 찍어서 불속에 던진다. 그러므로 너희는 그 열매를 보고 그 사람들을 알아야 한다. (마태복음 7:15~20)

스트레스와 **도덕적 선택**

어떤 일이 잘못될 때 우리는 어떻게 말할까? 옳다, 좋다, 나쁘다? 그 차이를 어떻게 말할 수 있을까? 양심이 갈팡질팡할 때 특별한 지침은 무엇인가? 도덕적인 결단을 하는 데 도움이 되며, 구체적이고, 실질적인 시금석이 될 것들은 무엇인가?

한번 살펴보자. 옳고 그른 것 사이의 차이를 말하는 것은 언제나 쉬운 일이 아니다.

사도 바울이 로마서에서 이 점을 얼마나 통렬하게 표현했던가. 필립스 번역본은 그 내용을 생생하게 묘사하고 있다 :

> 내 행동이 나를 당황스럽게 합니다. 내가 정말 하고자 하는 일은 하지 않고 하기 싫어하는 일을 하는 내 모습만 보게 되기 때문입니다. …… 나는 내게 선을 행할 의지는 있으나 실행할 힘이 없음을 자주 봅니다. …… 형편이 괴롭습니다.(롬 7:15, 18c, 25c)

이것은 설명이 필요 없을 정도로 잘 알려진 성경의 한 부분이다. 우리는 바울이 여기서 무엇을 뜻하는지 알고 있다. 우리의 경험을 통해서도 얼마나 잘 알고 있는가! 봄방학을 맞아 집에 와 있던 여대생이 나를 보러 왔다. 우리는 가정, 친구들 그리고 교회에 관해 이런 저런 얘기를 나누었다. 그런데 갑자기 그녀의 얼굴이 굳어지면서 불쑥 이렇게 말했다.

목사님, 저는 참 혼란스러워요. 학교생활이 힘들거든요. 이따금 그릇된 상황에서 옳은 것을 말하는 것이 그렇게 어려울 수가 없습니다. 내가 가진 기준을 허물고 싶지는 않거든요. 저의 신앙과 가치가 훼손되기를 원치 않지만 그렇다고 새침데기가 되거나 도도한 척하는 것도 싫거든요. 이런 중압감이 때때로 스트레스를 주고, 끊이질 않아 아주 무섭기까지 합니다. 손쉽게 혼란에 빠지고, 합리화하며, 승복하기도 합니다. 좀 도와주시겠어요? 제가 도덕적인 결정을 하는 데 도움이 될 실질적이고 견실한 지침을 주실 수 있으세요?

"함께 노력해보자꾸나." 이렇게 말하고 나서, 우리는 종이와 연필을 준비한 다음 묘안을 찾기 시작했다. 옳고 그른 것을 테스트하는 목록을 만들었다. 이것은 옳은가, 그른가? 어떻게 차이를 구분할 수 있을까? 이제 둘이서 목록에 적어둔 지침들을 당신도 시험 삼아 해보도록 여기 내놓는다.

1 평범한 상식에 기초하는 테스트가 있다.

해리 포스딕(Harry E. Fosdick)이 뉴욕의 강변교회를 담임하고 있던 시절, 이에 대해 말한 적이 있다.

어떤 사람이 당신에게 결투를 걸어왔다고 가정해 봅시다. 무엇이라고 말하겠습니까? 내가 만약 당신에게 충고한다면, "어리석게 굴지 마세요!" 할 것입니다. 역사적 사실로서, 한때 양심적으로 자존심을 지키는 행동의 중요한 특징이기도 했던 결투가 (관습이) 사라진 것은 웃어넘겨 버리듯 그렇게 쉽게 된 것은 아니었습니다. 인류의 상식이 그것에 반기를 들었던 것입니다. "어리석게 굴지 마세요!"라고 말하면서. 사람이 자기 영혼을 향하여 "어리석게 굴지 말라."고 말하는 것은 건강하다는 뜻입니다.

오늘 우리들이 하는 일들을 가리켜 역사가 어리석고 멍청이 같다고 말하지 않을까 자문해 보지 않았는가? 우리가 만약 타임머신을 타고 100년, 200년, 아니 500년 후 미래로 가서 오늘을 뒤돌아본다면 어떤 것들이 웃어넘길 만하며, 어떤 것들이 평범한 상식적 기준에 따라 없어져야 할까?

만약 당신이 싸우거나 과음을 하거나 난잡한 성관계를 갖고 싶은 유혹을 받는다면, 만약 당신이 담배를 피우거나 사기를 치거나 거짓말을 하거나 훔치거나 지껄이거나 미워하거나 마음을 일그러뜨리는 마약들로 뒤범벅이 되고 싶은 유혹을 받는다면, 당신이 지닌 상식이 당신의 영혼을 향해 "어리석게 굴지 말라!"고 소리치며 일어서게 하라. 옛 사람들이 속된 지식이라고 즐겨 불렀던 건강에 좋은 처방은 도덕적 딜레마에 빠져 있는 우리에게도 꽤 도움이 될지 모른다.

근처 도시에 강연하러 갔던 어느 날 저녁 10시 반에 식당에 갔다. 대학 캠퍼스 근처에 있는 이 색다른 분위기의 식당 안에는 많은 학생들이 있었다. 수업의 중압감 때문에 심기가 불편해 보이는 몇몇 대학생들이 울분을 풀 궁리를 하고 있었다. 그중 한 명이 건너편 지역에 있는 다른 학교 학생에게 싸움을 걸기 위해 소리를 쳤다.

이내 그들은 환호와 경멸의 흥분한 눈빛을 지닌 패거리의 모습으로 바뀌었다. 그들은 '마초(Macho)'가 된 기분으로 활기에 넘쳐 싸울 준비를 갖췄다. 거기 있던 젊은이들 중 한 사람[편의상 조(Joe)라고 부르자], 그들보다 신중한 상급생 하나를 제외하고 모두가 말이다. 그는 구석에 조용히 앉아서 교과서를 훑어보고 있었다. 그때 이런 대화가 이어졌다 :

"야, 조! 너 우리와 함께 안 갈 거니?" 누군가 소리치자 조는 재빨리 책을 덮고 올려다 보았다. 순간 식당 안은 조용해지고, 모든 눈길은 조에게 쏠렸다.

"싫어. 난 안 갈테다." 조가 단호한 목소리로 말했다.

"무슨 소리야? 너 겁먹었니?" 비꼬는 소리가 들렸다.

조가 책을 덮어 앞의 식탁에 놓고는 패거리를 보며 말했다. "천만에, 겁을 먹다니. 그건 어리석은 짓이니까 갈 생각이 없는 거야. 어리석고, 멍청한 십대들 짓거리에다 위험하고, 파괴적이거든. 사람들이 싸우면 승자는 없는 법이야! 그건 애들 같고, 웃기는 일일 뿐이거든!"

패거리를 이뤘던 분위기가 싹 사라졌다. 자, 그들이 그 후에 싸웠을지는 모르지만 그 순간만은 조의 상식이 승리한 날이었다. 조는 그들의 양심을 일깨워 돌발적인 행동을 멈추고 본래의 의식으로 돌아오게 한 것이다. 이것이야말로 도덕적 결단을 위한 좋은 시험이 아닐까? 내가 의도하고 있는 이것이 일리가 있는가, 아니면 어리석고 웃기는 것인가?

2 평판에 의지하는 테스트가 있다.

만약 당신이 의도하던 것이 공개되어 버린다면 어떻게 할까? 모든 사람이 그것을 알아버린다면, 그래도 당신은 계속할 것인가? 도덕적인 결단, 복잡한 문제, 우리가 확신하지 못하는 처신, 이런 것들을 '평판'이라는 테스트에 적용시켜 보자. 비밀을 벗겨내고, 백일하에 내놓아 보라. 그리고 그것이 신문이나 TV 저녁 뉴스에 보도되었다고 상상해 보라.

그것을 당신의 부모나 자녀들이 알기를 원하는가? 그리고 당신의 친구들은 어떤가? 그들이 알기를 원하는가? 그 내용이 공공연히 사람들 사이에 회자된다고 상상해 보라. 또 당신의 삶의 자취가 담긴 글을 자녀나 손자 손녀들이 읽게 된다고 상상해 보라. 그렇게 하는 것이 가장 건강한 도덕성 테스트의 하나다. 필립스 브룩스(Phillips Brooks)가 생생하게 말한 것을 보자 :

숨김 없이 깨끗하기 위해, 숨기려는 의도조차 없이 깨끗하기 위해서는…… 대낮 보스턴 캄몬 공원(미국의 가장 오랜 공원/ 역자 주) 한가운데서 당신이 드러내기 싫은 것이라면 어느 것도 하지 마십시오. …… 어떤 것을 숨겨야 할 필요를 처음 느끼는 때가 두려운 시간입니다. 맞닥뜨릴 문제들이 있고 피해야 할 눈길들이 있을 때 삶의 윤기는 사라지는 것입니다. 가능한 한 그런 날을 벗어나야 합니다. …… 할 수 있다면 영원히 벗어나야 합니다.

확실히 그렇다! 알다시피, 밝게 드러날 수 없는 것들은 건전하지 못하다! 그러니까 이것은 상당히 좋은 테스트다. 당신이 하고 있거나 하려고 하는 것이 평판의 테스트를 거친다면 그것은 아마도 옳은 것이다. 그렇지 않다면 의심스러운 것이요, 아마도 그것은 나쁜 것이다!

3 당신 양심에 비추어 보는 테스트가 있다.

우리가 만약 성숙한 크리스천이 되려고 한다면, 그 과정 어디에서

든 성장할 필요가 있다. 우리는 자기 자신의 힘으로 활발히 걸어야 하며 자신의 두 발로 서야만 한다. 우리는 방해가 없는 길을 무리를 좇아 걷는 것을 멈추고 자신이 무엇이 되고자 하는지를 결정해야만 하며, 나아가 그런 양심에 진실하여야 한다. 도덕성을 위해 이것 역시 상당히 좋은 테스트다 : 내가 이것을 해도 되는가, 그리고 그렇게 하는 것이 여전히 내 양심에 진실한 것인가?

얼마 전 친한 친구가 나를 찾아와 큰 부자가 될 뻔한 이야기를 들려주었다. 그러나 그는 그 속에 어두운 측면이 있기 때문에 거절해 버렸다. 그가 말했다. "나는 할 수가 없었지. 그런 일을 하고 나 자신을 포기할 수가 없었다네."

랠프 석크맨(Ralph Sockman)은 고대 교회에서 나온 고백기도를 상기시켜준 바 있다 : "우리는 잘못을 저질렀으며 잃은 양처럼 당신의 길에서 벗어났나이다." 석크맨은 계속해서, 오늘날 크리스천에게 제일 큰 유혹은 우리 자신의 방향, 정체성, 도덕성 그리고 최선의 양심은 결코 올려다보지도 않은 채 자동적으로 무리를 따라 항상 "고개를 숙이고 풀을 뜯어먹는" "돼지 떼 기질"을 갖는 것이라고 말했다.

만약 당신의 양심이 복잡하게 얽혀 있다면 ; 만약 스트레스, 윤리적인 난처함, 도덕적 결단에 직면한다면 ; 만약 옳고 그름의 사이에서 분간을 해야 할 처지라면 ; 양심의 테스트를 해보라 : 내가 이것을 해도 되는가, 그리고 그렇게 하는 것이 여전히 내 양심에 진실한 것인가?

4 그리스도에 의지하는 테스트가 있다.

바울은 말하기를, "아, 나는 비참한 사람입니다. 누가 이 죽음의 몸에서 나를 건져주겠습니까? 우리 주 예수 그리스도를 통하여 나를 건져주신 하나님께 감사를 드립니다.(롬 7:24~25b)"

　　당신이 만약 혼돈스럽거나, 당황스럽거나, 어리둥절하다고 느낀다면, 그리고 무엇이 옳고 무엇이 그른지 의아하게 생각한다면 기독교를 있게 한 유일한 사실, 나사렛의 예수에게로 생각을 가져가라. 그분은 우리의 본보기요, 청사진이요, 측량자요, 구원자시다. 마태복음 7장은 좋은 나무가 나쁜 열매를 맺을 수 없다는 것을 우리에게 말해 준다. 그렇다면 우리가 건강한 상태로 머무는 길은 곧 예수 그리스도 가까이에 머무는 것이다.

　　우리가 물어야 할 핵심이 되는 질문이 여기 있다 : 내가 이것을 하면서 여전히 그리스도의 영 안에 머물 수 있는가? 내가 이렇게 말하면서도 여전히 그리스도의 영 안에 머물 수 있는가? 내가 이런 데 어울리면서도 여전히 그리스도의 영 안에 머물 수 있는가? 만약 그렇지 않다면 그것을 하지 말아야 한다, 그것은 나쁜 것이니까.

　　포스딕은 "브라운 씨에게(Dear Mr. Brown)"라는 글에서 휘티어(John G. Whttier)의 찬송을 이용하면서 이렇게 썼다 :

　　　　오! 우리 모두의 주인이신 주님,
　　　　우리는 당신의 지배 아래 있으며
　　　　당신의 부르심을 듣고
　　　　당신으로 우리 삶의 잣대를 삼습니다.
　　　　우리는 어렴풋이 듣고, 침침하게 보며,
　　　　다른 언어로 기도합니다.
　　　　그러나 희미하거나 맑거나
　　　　우리는 빛이요, 진리요, 길이신
　　　　당신을 품고 있습니다.

옳고 그름에 확신이 들지 않을 때 우리는 어떻게 하여야 할지 테스트해 보아야 한다. 상식에 따른 테스트, 외부의 평판에 의지한 테스트, 양심에 비추어보는 테스트를 적용해 본다. 그러나 가장 중요한 것, 그것은 그리스도에 의지하는 테스트를 하는 것이다!

 도덕적인 결정을 내리는 데 도움이 되는 지침

1. '평범한 상식'에 기초하는 테스트가 있다.
2. '평판'에 의지하는 테스트가 있다.
3. '당신 양심'에 비추어 보는 테스트가 있다.
4. '그리스도에 의지'하는 테스트가 있다.

제 12 장 스트레스와 나쁜 버릇들

예수께서 여리고에 들어가 지나가고 계셨다. 삭개오라고 하는 사람이 거기에 있었다. 그는 세관장이고, 부자였다. 삭개오는 예수가 어떤 사람인지를 보려고 애썼으나, 무리에게 가려서, 예수를 볼 수 없었다. 그가 키가 작기 때문이었다. 그래서 그는 예수를 보려고 앞서 달려가서, 뽕나무에 올라갔다. 예수께서 거기를 지나가실 것이기 때문이었다. 예수께서 그곳에 이르러서 쳐다보시고, 그에게 말씀하셨다. "삭개오야, 어서 내려오너라. 오늘은 내가 네 집에서 묵어야 하겠다." 그러자 삭개오는 얼른 내려와서, 기뻐하면서 예수를 모셔 들였다. 그런데 사람들이 이것을 보고서, 모두 수군거리며 말하였다. "그가 죄인의 집에 묵으려고 들어갔다." 삭개오가 일어서서 주님께 말하였다. "주님, 보십시오. 내 소유의 절반을 가난한 사람들에게 주겠습니다. 또 내가 누구에게서 강제로 빼앗은 것이 있으면, 네 배로 하여 갚아 주겠습니다." 예수께서 그에게 말씀하셨다. "오늘 구원이 이 집에 이르렀다. 이 사람도 아브라함의 자손이다. 인자는 잃은 것을 찾아 구원하러 왔다." (누가복음 19:1~10)

스트레스와 **나쁜 버릇들**

　최근에 우리 식구들에게 책 한 권을 선물했다. 내 의도는, 꼬마 아이가 엄마의 생일에 스케이트보드를 선물하거나 할아버지의 생일에 풍선껌 한 상자를 드릴 때 (선물한 후에는) 자기도 함께 사용하려는 의도가 숨어 있는 것과 약간은 비슷한 것이었다. 내가 가족에게 책을 선물하면 그들의 책이지만 내게도 읽을 기회를 주겠지 하는 기대가 있었기 때문이었는데, 역시 읽어볼 기회가 내게도 왔다. "행복은 나누는 것"이라는 제목의 이 책 안에는 행복의 의미에 관해서 슈바이처, 헬렌 켈러, 로즈 케네디, 딕 반다이크, 파블로 카잘스, 그 밖의 세계적으로 유명한 사람들이 쓴 글이 담겨 있었다.

　어느 날 밤, 그 책을 훑어보다가 하비 하웰즈(J. Harvey Howells)가 쓴 "미소를 일깨우는 법"(「살아가는 데 필요한 새롭고 보석 같은 말들」에서 인용)이라는 매력적인 글을 읽게 되었다. 하웰즈는 자기의 아이들과 잠잘 시간에 갖는 멋진 습관을 소개하면서 그 습관이 나중에는 온 가족이 밤이면 함께 하는 의식(ritual)이 되었다고 말하고 있다. 내가 찾은 흥미 있는 부분을 여기 옮겨 놓는다.

"아빠가 잊은 게 있어요." 잠자리에 든 아이에게 뽀뽀를 하려 하자 여섯 살짜리 꼬마가 내게 한 말이다. "오늘 하루 가장 행복했던 것이 무엇이냐고 묻는 걸 잊으셨어요."

"아, 미안, 내가 깜빡했네." 아이의 침대 모서리에 앉았더니 이내 하루 가운데 가장 행복했던 것을 속삭이듯 말했다. "오늘의 행복은 까나리를 잡은 거예요." 만족스럽게 숨을 내쉬며 "내가 처음으로 잡은 고기였어요." 하는 것이었다. 그리고는 "아빠, 안녕!" 하는 소리와 함께 베개 속으로 얼굴을 묻었다.

처음 시작할 때는 몰랐다. 어떻게 할지도 몰랐지만 기도 같은 이 의식이 기억 저편으로부터 나 자신의 개인적인 축복으로 자리잡았다.

누구에게나 매일 찾아오는 깊은 외로움의 순간이 있다. 하루의 끝에 잠자리에 들면서 인사말을 나누고 머리를 베개에 묻을 때 영혼은 그런 생각들로 철저히 외로워진다.

바로 그때 나는 나 자신에게 묻는다. "오늘 있었던 일 중 가장 행복한 것은 무엇이었던가?"라고. 깨어 있는 시간들은 스트레스와 골칫거리로 채워질 수도 있다 : 나는 내 생애를 통틀어 가장 경쟁적인 업무 속에 있다. 그러나 그날이 어떤 종류의 날이 되었건 거기에는 언제나 가장 행복한 일이 있게 마련이다.

기묘하게도 그 행복이란 것이 큰 경우는 거의 없고, 대체로 순식간에 지나가는 사랑스러움이다. 상쾌한 가을 아침을 깨우는 캐나다 거위의 울음소리. 자주 편지를 쓰지 않던 친구에게서 온 예기치 않은 편지. 햇볕 강한 날의 시원한 수영. "76개의 트럼본" 곡(Allan Horney가 편곡한 곡으로 브로드웨이에서 공연/ 역자 주)을 듣는 것. 황홀한 뉴올리언스 눈벌판에 핀 동백꽃들. 나를 향해 웃음 짓는 아내의 얼굴.

항상 행복한 무언가가 있고, 그 까닭에 나는 여태까지 잠을 청하느라 수

면제를 먹어본 적이 없다. 내 아들이 행복이란 미래의 어떤 일에 딸려 있는 목표가 아니라는 것을 기억한다면, 그 아이도 앞으로 수면제를 필요로 하지 않을 것이다. 우리가 만약 그것을 인정하려고 의식적으로 노력한다면 행복은 매일 우리와 함께 한다.

내가 이 글을 좋아하는 것은 그 속에 위대한 진리가 있으며 또한 좋은 습관이 지닌 힘을 알려주기 때문이다. 예수님은 좋은 습관들 속에 담겨 있는 힘에 관해 알고 계셨다. 사실상, 산상수훈 속에서 그가 정말로 우리에게 말하고 있는 것은 이것이다. "너희들의 삶 속에 이러한 습관들을 계발하라!" 겸손, 동정심, 자비, 의로움, 평화, 이런 좋은 습관들을 계발하라. 당신이 보다시피, 좋은 습관의 힘은 정말 특별한 무엇인데 예수께서도 그것을 아셨다. 그러나 우리는 또한 **나쁜 습관이 파괴적이라는 것**을 인정해야 한다(우리는 그것을 얼마나 잘 아는가). 그런 습관들은 우리를 산산이 부수고, 유린하며, 비도덕적으로 만들고, 우리 안에 참된 삶이 자리잡지 못하게 할 수 있다.

그것이 바로 삭개오에게 일어난 것이다. 나쁜 습관이 그의 속에 뿌리박고 있었으며, 그를 조종하고, 그를 옥죄었다. 탐욕과 이기심 그리고 욕망의 나쁜 습관이 다른 사람들과 하나님으로부터 멀어지게 만들면서 그를 사로잡고 있었다. 그러나 그때 예수께서 그의 삶 속으로 오셨는데 그에게 무슨 일이 일어났는지 보라. 우리는 그의 경험 속에서 구속의 드라마를 본다. 삭개오에게서 우리는 우리의 습관들을 어떻게 바꿀 수 있으며 삶을 변화시킬 수 있는지 생생하게 본다. 우리는 하나님의 도우심을 힘입어 나쁜 습관의 저주를 어떻게 끊을 수 있는지를 보고 있다. 여기 실제로 그렇게 되도록 해주는 특별한 네 단계를 소개한다.

1단계 : 자신의 나쁜 습관을 인정하고 구체적으로 말하라.
2단계 : 그것을 지금 당장 그만두겠다고 결심하라.
3단계 : 나쁜 습관을 좋은 습관으로 바꾸라.
4단계 : 힘의 원천이 당신 밖에 있음을 인식하라.

이제부터 이들 네 단계에 대해 생각해 보자.

1 자신의 나쁜 습관을 인정하고 구체적으로 말하라.

분명히 할 것은, 그 습관을 감추려고 겉을 꾸미지 말라는 것이다. 그것이 무엇인지 불러내라. 진실이 당신에게 상처를 줄지라도 당신 자신에게 정직하라. 이것이 나쁜 습관을 극복하는 데 있어 첫 단계다.

몇 해 전, 우리가 테네시 주에 살 때 감옥에 있는 사람을 방문하러 갔다. 은행직원인 그는 자신이 20년 넘게 일해오던 은행에서 수천 달러를 훔쳐서, 자금횡령 혐의로 고발되었다. 체포되기 전의 그는 늘 단정한 차림에 직원들 중에 돋보였던 인물로 은행 안에서 사랑받는 실무자 중 하나였으며, 마을에서도 존경받는 사람이었다.

사건의 처음은 순진하게 시작되었다. 어느 날 마감 시간 후, 한 여자 고객이 돈을 맡기기 위해 왔다. 모두들 퇴근하고 은행에 혼자 남아 있던 그가 이미 계좌가 마감되었으며 금고도 잠겼다고 설명하느라 애를 썼다. 그래도 그 여인이 계속 맡아달라고 요청을 하자 그는 고객의 돈을 받아 자기 주머니에 넣고 다음날 다시 가져올 생각으로 그냥 집으로 갔다.

그것을 까맣게 잊은 그는 다음날 자기의 부주의를 덮어버리기 위해 장부를 일부 속이지 않으면 안 되었다. 그러면서 그는 일은 이미 벌어졌으니까 돈이 돌기 전까지 다음날을 기다려야겠다고 생각했다. 그리고 자신의 능력에 비해 은행에서 주는 봉급이 적은 탓에 늘 부족하게 살고 있다고 생각하고는 그 돈을 그냥 자기가 챙겼다.

곧 이어 그런 일이 또 생겼을 때, 돈을 집으로 가져가는 행위가 반복되었다. 자신의 행동을 그렇게 합리화하며 매일 밤 돈을 집으로 가지고 가다 보니 일은 점점 더 수월해졌으며, 그리 오래지 않아 그는 수천 달러를 챙겼다. 그러나 그 무렵 발각이 나서(우리의 죄 속에는 우리 자신을 드러나게 하는 길이 들어 있음을 당신은 안다) 그는 체포되었으며 횡령혐의로 기소되었다. 그가 한 말을 나는 앞으로도 잊을 수 없을 것 같다 :

저는 제 자신을 도둑이라고 생각한 적이 없습니다. 사람들이 저를 가리켜 강도, 도둑놈, 착복한 놈, 범인이라고 말할 때 충격을 받았습니다! 그들이 나를 가리켜 그렇게 말하는 것이라고 믿을 수가 없었으니까요. 그 동안 제가 만든 합리화를 통해 저 자신을 속였습니다. 저의 나쁜 습관에 눈이 멀어 무엇이 벌어지고 있는지, 내가 무엇을 해왔는지 볼 수조차 없었습니다.

드라마처럼 펼쳐진 그 일을 살펴 보자. 나쁜 습관을 극복하는 첫 단계는 그것을 정직하게 인정하는 것(그것을 입으로 드러내는 것)이다. 삭개오에게 이것이 일어났다. 예수께서는 삭개오가 자신을 바라보는 것을 아시고 그를 바꾸어 놓으셨다. 어쨌든 예수의 현존, 예수의 선하심, 예수의 빛이 삭개오의 나쁜 습관을 드러나게 한 것이다.

대학시절에 만난 선생님 한 분은 티 하나 찾아볼 수 없을 정도로 항상 말쑥하고 깨끗하여 그분 곁에 설 때면 언제나 나는 단정치 못하고 엉클어져 있다고 느껴졌다. 그때마다 어느새 나도 모르게 내 복장을 좀더 깨끗하게 하고 구두는 좀더 반짝이게 해야겠다고 생각하게 되었다.

예수께서는 사람들에게 영적으로 그와 같은 영향을 끼치셨다. 그분의 선함과 청결함 속에는 흠이 많은 사람을 끌어들이는 "영적인 흡착력"이 배어 있다. 아마도 이런 일이 삭개오에게 일어났던 것이리라. 예수께서 그의 삶에 개입하시는 순간 그는 자기 자신의 옛 모습을 보았다! 예수님을 만나기 전에는 자신의 행동을 스스로 합리화했었지만, 지금은 그리스도의 임재 안에서 자신이 합리화하던 것들이 그처럼 허약하고 궁색하게 보였기에 과거 자신의 눈이 멀었던 것을 의아스럽게 여겼다. 그는 하나님께나 사람들에게 배신자였던 자기 자신을 보았다. 다른 사람의 소유를 가지고 부자가 된 사람, 돈을 위해 영혼을 "팔아치운 사람", 속이고 거짓말하고 공모하여 죄를 저지른 사람, 이런 자기 자신을 본 것이었다. 얼마나 이기적이고 욕심꾸러기였던가를 본 지금, 그는 그 모든 것들을 싫어하게 되었다.

요점은 이것이다 : 나쁜 습관의 저주를 물리치는 첫 번째 단계는 나쁜 습관의 실상을 보고, 그것을 인정하며, 치켜들고서 그리스도의 빛 아래서 바라보고 난 후 그것을 말로 표현하는 것이다! 그것을 감추기 위해 덧칠을 하거나 설명을 하거나 합리화시켜 버리지 말고 그것이 정말 무엇이었는지 그대로를 보라!

2 그것을 지금 당장 그만두겠다고 결심하라.

만약 나쁜 습관을 떨쳐버리려면 그것을 즉시 그만두겠다고 결심하여야 한다. 습관들이란 이상해서 교묘하게 그리고 점진적으로 만들어진다. 그러나 그것들은 '노골적으로' 불시에 즉시 그만두어야 한다. 메이어스(Cecil Myers)가 말한 것처럼 :

나는 술주정뱅이가 되리라고 작정하는 사람을 본 적이 없다. 다만 술 취하는 것이 습관이 될 때까지 한 잔, 두 잔 그리고 계속 마셔대는 사람들을 보았을 뿐이다. 거짓말쟁이가 되리라 작정하는 사람도 보지 못했다. 그러나 한 번의 거짓말이 습관의 형태를 띠기 시작하면 그가 한 번, 또 한 번 거짓말을 할 때 그 형태가 틀을 갖추게 된다. 그리고 나면 그저 그렇게 흘러가는 것이다. 하나의 습관은 한 번의 결정으로 시작된다 : 무엇인가를 하려고 하는 그 결정은 미래에 똑같은 결정을 쉽게 하도록 만드는 것이다. 당신이 무엇인가를 하는 것은 바로 당신이 하기를 원하기 때문이다. 그리고 그것을 하는 것은 전에 한 적이 있기 때문이다. 결국에 가서는 그것을 안 하고는 못 배기기 때문에 그것을 하게 된다.

그것은 모두 선택으로 시작되고 선택으로 끝날 수밖에 없다. 우리는 그것을 지금 그만둘 결심을 해야 한다! 중단하는 것이 점차적으로 될 수 있다고 확신할 수 없다 : 때때로 괴격히게 꺼뜨리는 행위가 필요하다. "오늘은 어제 했던 만큼 많은 거짓말은 하지 않을 것이다."라고 말하는 것만으로는 충분하지 않다. 그렇게는 안 된다! "나는 더 이상 거짓말쟁이일 수 없다!"라고 말해야 한다.

한 여인이 브룩스(Phillips Brooks) 박사에게 "제 아이에게 언제쯤부터 신앙적 습관을 가르쳐야 할까요?" 하고 물었다. "댁의 아이가 지금 몇 살인데요?" 브룩스 박사가 묻자, "3살인데요." 여인이 대답하자 이내 브룩스 박사가 말했다. "아주머니, 빨리 집으로 가셔요, 빨리! 당신은 벌써 4년이나 늦은 겁니다!"

그날 여리고에서 삭개오는 "허비한 세월"을 깨닫고 곧바로 자신의 나쁜 습관을 멈추기로 결심했다. 그는 뽕나무에서 내려와 변화에 자신을 내맡겼다. 더 잘하기 위해. 내일이 아니라 오늘, 바로 지금! 나쁜 습관의 진로를 차단하기 위해서 우리는 습관을 먼저 인정하고 말로 표현하고 그리고는 바로 그만 멈출 것을 결심하여야 한다, 바로 지금!

3 나쁜 습관을 좋은 습관으로 바꾸라.

얼마 전, 휴스턴의 남서쪽에 있는 멋진 가정을 방문했다. 주인 여자와 나는 거실에서 이야기를 나누고 있었고 이제 몇 달밖에 안 지난 아기는 엄마의 뒤편 바닥에서 놀고 있었다. 그런데 내 눈을 의심할 정도로 갑자기, 아기가 소파 밑으로 들어가서는 개가 씹다가 버린 오래 된 뼈다귀를 보고는 기뻐하는 것이었다. 그 다음 그 애가 무엇을 했을까? 물론 그 뼈를 핥기 시작했다!

자, 당신이라면 개가 씹던 뼈를 아기가 핥고 있다는 것을 어떻게 지혜롭게 얘기해 줄 것인가? 결국 어머니의 주의를 그리 돌리도록 얘기해 주자 그녀는 아주 부드럽게 처리했다. 아기에게서 뼈를 치우고는, 젖니가 날 때 물려주는 아주 깨끗한 플라스틱 고리를 쥐어주었다. 그것은 아주 현명했다. 아기는 뼈는 빼앗겼지만 씹을 것을 잃지 않았던 것이다.

우리는 무엇인가 치우고 그 자리를 그대로 비워둘 수는 없다. 그렇지 않으면 그 밖의 다른 공간에, 공허 속에 무언가 남기게 마련이다. 나쁜 것을 좋은 것으로 바꾸어 놓을 필요가 있다. 다시 한번 삭개오를 보자. 그는 탐욕의 습관을 가지고 생을 허비해 왔지만 다른 것들을 생각하면서 뽕나무에서 내려왔다 : "주님, 보십시오. 내 소유의 절반을 가난한 사람들에게 주겠습니다. 또 내가 누구에게서 강제로 빼앗은 것이 있으면, 네 배로 하여 갚아 주겠습니다." 탐욕은 치워졌고 그 자리에는 관대함이 놓여졌다. 나쁜 습관을 제거하는 데는 이것이 필수다. 나쁜 습관을 말로 표현하고, 그것을 그만두기로 결심하고, 그리고는 그 나쁜 습관을 좋은 것으로 대치하여야 한다.

4 힘의 원천이 당신 밖에 있음을 인식하라.

삭개오가 변화할 용기를 갖게 된 것은 자신이 혼자가 아니라는 것을 알았기 때문이다 : 그는 자신의 외부에 놀라운 힘의 원천을 가졌다. 삭개오 이야기의 끝 부분에서 예수께서 말씀하신 것을 보라. "오늘 구원이 이 집에 이르렀다. 인자는 잃은 것을 찾아 구원하러 왔다."

나의 가장 친한 친구인 돈 웹(Don Webb) 박사는 센티너리 대학의 명예총장이다. 이 웹 박사가 전해준 그의 이야기는 아주 훌륭한 비유다. 웨일즈에서 태어난 그는 미국에 와서 감리교 목사가 되기 전 영국 해군에서 복무하였다. 영국 해군이라는 자부심 외에 왕실 소속함대 스위타호의 장교로 임명받았다는 사실이 그로서는 무척 자랑스러웠다. 기장이었던 그는 자기가 얼마나 현명하고 용감한기를 승무원들에게 보여줌으로써 그들을 감동시키기를 간절히 원했다.

그들의 첫 번째 과제는 밖으로 나가서 제자리에서 부표를 잡고 있는 닻들을 점검하는 것이었는데, 그렇게 하려면 해저 잠수부를 내려 보내는 것이 유일한 길이었다. 첫 번째 점검 장소에 왔을 때 일등 항해사가, 승무원들의 사랑을 받던 전임 기장은 항상 제일 먼저 내려갔다고 새 기장인 웹에게 말했다. 그는 새 기장으로서 그 같은 명예를 좋아했을까?

웹은 한 번도 해저 잠수를 해본 적이 없었다. 그는 그런 것에 대해서는 초보상식도 없었다. 그렇지만 자존심을 삼켜버릴 수도 없고, 자신이 부적합하다는 것을 받아들일 수도 없으며, 도와달라는 소리를 할 수도 없었던 웹은 자랑스럽게 (우리 중 많은 사람들이 그렇게 하는 것처럼) 불쑥 말했다. "물론이지, 내가 제일 먼저 내려가겠네."

이쯤 해서 웹의 서술은 자기가 처음으로 잠수 장비들을 – 죽을 것처럼 겁이 났지만 확신을 가지고 – 챙기게 된 이야기로 이어진다. 납으로 된 구두를 신고, 무거운 잠수복을 걸치고, 두꺼운 장갑을 끼고, 헬멧을 고정시키고, 헬멧 앞면의 유리를 내리고…… 두려움, 낯설음, 으스스한 소리들, 밀폐 공포증, 구역질 속에서.

그런 다음, 그는 배 밖으로 점프를 하고 천천히 바다 밑바닥으로 내려가는 장면을 생생하게 전해 준다. 처음에 물은 아름답고, 파랗고, 맑지만 점차 푸르스름해지고, 회색을 띠다가 마지막에는 깜깜하게 되었다. 그리고 바닥에 닿은 이야기를 하는데, 무거운 발이 진흙 속으로 들어가고, 난처한 상황을 인식한 뒤에야, 자신이 어떻게 거기서 걸어야 할지 모른다는 것을 알게 되었다. 이런 일과 관련해서는 체계적인 지식이 있어야 했지만 그는 전혀 아니었다. 그는 공포에 사로잡혀서 진흙에 얼굴을 박으며 앞으로 넘어졌는데, 그러다가 그만 구명줄을 놓쳤다. 그의 부하들이 작업에 들어가기 전에 구명줄을 넘겨주면서, "기장님, 무엇을 하시든지 이 줄을 꼭 잡고 행동하세요. 만약 도움이 필요하시면, 그저 이것을 잡아당기세요!" 하고 말했던 것이 그제야 생각났다.

웹이 처했던 곤경을 적은 이야기는 이렇게 계속되고 있다. 구명줄을 잃고 바다 밑바닥에서 진흙 속에 쳐 박혀 꼼짝할 수도 없이 얼굴을 댄 채 누워서 생각한다. '이런 것이구나. 모든 게 이렇게 끝나는구나.' 거기 누워 죽음을 기다리면서 그는 생각한다. '아, 내가 건방지게 교만을 떨다니, 난 엄청 미련한 놈이었구나!'

영원처럼 느껴진 몇 분이 지난 후, 웹은 무엇인가 그의 어깨에 부드럽게 접촉해오는 것을 느꼈다. 위에서부터 도움이 온 것이다! 승무원은 그가 구명줄을 놓치고 곤경에 처했다는 것을 감지한 것이다. 그중의 한 사람, 잠수 경험이 있는 사람이 그를 구하러 내려왔다. 진흙 속에 갇힌 그를 잡아당기고, 구명줄을 다시 주고, 어떻게 걸어야 하는지 또 어떻게 바다 밑바닥에서 신나게 생산적으로 일을 할 수 있는지를 보여주었다.

기장인 웹에게 새로운 기회, 새로운 시작, 그리고 새 생명을 주기 위한 도움은 위로부터 왔다! 그때 자존심을 버리고, 남에게 도움을 청하며, 전문가로부터 배울 줄 알게 된 기장 돈 웹, 지금은 겸손과 신뢰 속에서 빨리 배우는 사람이 되어 있다.

이거야말로 인생에 있어 좋은 비유가 아닌가? 이것이 기독교적 사건이다. 당신이 알다시피, 위로부터의 도움이며, 구원하는 구명줄이 될 위대한 힘의 원천이 우리들 밖에 있다. 우리가 그것을 알기만 하면, 우리의 자존심을 버리고, 또 우리가 구원자를 얼마나 필요로 하는지, 그리고 그분이 얼마나 우리를 도와주기 원하시는지를 알기만 하면 된다. 삭개오는 그날 여리고에서 그것을 보았고 느꼈던 것이다. 그리스도는 그에게 오셔서 그의 습관과 삶 자체를 바꾸어주셨다. 그리스도는 삭개오의 나쁜 습관을 바꾸시고 그의 삶을 구원하셨다! 당신은 무엇을 아는가? 그분은 당신과 나를 위해서도 그렇게 하시기를 원하신다!

 **나쁜 습관을 끊는 4단계**

1단계 : 자신의 나쁜 습관을 인정하고 구체적으로 말하라.
2단계 : 그것을 지금 당장 그만두겠다고 결심하라.
3단계 : 나쁜 습관을 좋은 습관으로 바꾸라.
4단계 : 힘의 원천이 당신 밖에 있음을 인식하라.

제 13 장 스트레스와 내부의 혼란

블레셋 사람이 이스라엘에 싸움을 걸어 왔다. 이스라엘 사람들은 블레셋 사람 앞에서 도망하다가 길보아 산에서 죽임을 당하여 쓰러졌다. 블레셋 사람들은 사울과 그의 아들들을 바싹 추격하여, 사울의 아들 요나단과 아비나답과 말기수아를 죽였다. 싸움이 치열해지면서, 전세가 사울에게 불리해졌다. 활을 쏘는 군인들이 사울을 알아보고 활을 쏘자, 그가 화살을 맞고 중상을 입었다. 사울이 자기의 무기 담당 병사에게 명령하였다. "네 칼을 뽑아서 나를 찔러라. 저 할례 받지 못한 이방인들이 와서 나를 찌르고 능욕하지 못하도록 하여라." 그러나 그 무기 담당 병사는 너무 겁이 나서, 찌르려고 하지 않았다. 그러자 사울은 자기의 칼을 뽑아서, 그 위에 엎어졌다. 그 무기 담당 병사는 사울이 죽는 것을 보고, 자기도 자기의 칼을 뽑아 그 위에 엎어져서, 사울과 함께 죽었다. 사울과 그의 세 아들과 사울의 무기 담당 병사가 이렇게 죽었다. 사울의 부하도 그날 다 함께 죽었다. 골짜기 건너편과 요단 강 건너편에 살던 이스라엘 사람들은, 이스라엘 군인들이 도망친 것과 사울과 그의 아들들이 죽은 것을 보고, 살던 성읍들을 버리고 도망쳤다. 그래서 블레셋 사람이 여러 성읍으로 들어와서 거기에서 살았다. (사무엘상 31:1~7)

스트레스와 내부의 혼란

　　오래된 두 개의 이야기가 "인간은 자신의 칼에 의해 파멸될 수 있다."는 우주적 진리를 극적으로 강조하고 있다.

　　첫째는, 구약성경에 나오는 이스라엘의 첫 임금인 사울 왕의 이야기다. 사울의 이력을 보면 위대한 잠재력을 지닌데다 장래가 유망한 탓에 처음에는 고상하고 멋지게 시작되었다. 외모를 보아도 큰 키에 힘도 세서 사람들 가운데 훤칠해 보이는 아주 인상적인 인물이었다. 성경은 말하기를 그가 형제들보다 월등히 우수했다고 한다. 그의 힘은 전설같이 되었다 : 그가 휘두르는 칼은 들어올릴 수 있는 사람이 없을 정도로 무거웠고, 그의 갑옷은 아무도 뚫을 수 없을 정도로 강했다.

　　많은 추종자들을 거느린 전쟁 영웅으로서 그는, 초창기에 엄청난 카리스마를 지니고 있었다. 게다가 아주 매력적이고 인기가 높아서 사람들이 그에 관해 노래를 짓기도 하고, 여인들은 거리에서 그의 용맹함을 노래했다. 그는 용맹하고 활기에 넘치며 힘이 있는 승리의 사람이었다, **처음에는**. 그러나 그 무렵 사울은 불안감과 우울함 그리고 자기 회의와 질투에 의해 속에서부터 야위어 가기 시작했다.

사무엘 선지자는 사울 왕에게 하나님의 총애로부터 멀어졌음을 말해 주었다. 젊은 다윗이 온 이스라엘을 황홀하게 할 정도의 모습으로 무대에 등장하는 이 무렵, 사울은 무너지기 시작했다. 분노, 미움, 시샘, 두려움, 자만심, 이기심, 이런 것들이 그의 내부에서 영적인 독약처럼 꿈틀대기 시작했으며, 힘이 넘치는 강한 사람이었던 그가 약하고 소심한 사람으로 서서히 파멸되어 갔다.

그의 죽음은 그의 삶 속에서 무슨 일이 일어났는가를 상징하는 것이었다. 그는 자기의 칼 위에 고꾸라졌다. 다른 사람의 칼로는 할 수 없었던 것이 자기 스스로의 칼에 의해 저질러졌다!

또 다른 이야기는 고대 그리스 신화에서 온 것이다. 이것도 앞의 것과 아주 비슷한데, 한 젊은 병사가 유명한 갑옷장이를 찾아가, "어떤 칼로도 뚫을 수 없는 갑옷을 하나 만들어 주시오." 하며 칼을 주문했다. 얼마 후 와 보니 갑옷장이가 어떤 칼로도 뚫을 수 없는 갑옷 한 벌을 만들어 놓았다.

그러자 그 병사는 또 말하기를, "자, 이번에는 어떤 갑옷이라도 뚫을 수 있는 칼을 하나 만들어 주시오!" 했다. 그래서 갑옷장이는 그 말대로 칼을 만들어 주었다.

어떤 갑옷이라도 벨 수 있는 칼을 들고 오직 자기 자신의 칼만이 벨 수 있는 갑옷을 입고 그 병사가 전쟁터에 나갔다. 그는 자신감으로 꽉 차 있었다. 그러나 그가 고려하지 못했던 일이 벌어졌다.

싸우는 도중에 무언가가 그의 손목을 치면서 그의 칼을 잡아 당겼다. 그리고 순식간에 그는 자기의 칼이 자기의 갑옷을 뚫고 들어왔음을 느낄 수 있었다. 다른 사람의 칼로는 할 수 없다고 확신했던 것이 자기 스스로의 칼에 의해 저질러졌다!

공교롭게도 이 젊은 병사와 사울 왕에게 일어났던 일이 오늘날 삶 속에서 파멸을 자행하는 우리에게 일어나는 일과 같다. 만약 우리가 파멸당하고 있다면 그것은 외부의 환경이나 다른 사람에 의한 것이 아니다. 대부분 우리 스스로의 칼에 의해 일을 당하고 있다. 포고(Pogo)가 "우리는 적을 마주하고 있는데 그 적은 바로 우리들이다!"라고 말한 것처럼. 이거야말로 생각해 볼 만한 것이 아닌가? 이제 더 핵심부분으로 가 보자. 우리를 괴롭히고, 손상시키고 또 파멸시킬 수도 있는, 우리 안에 지니고 다니는 개인적인 칼들은 어떤 것들일까? 물론 그런 것들이 많기는 하지만 여기서는 사울 왕의 경우에서 극적으로 드러났으며 또한 그의 몰락에 크게 관련되었던 몇 가지를 논하려 한다. 그 밖의 것들은 당신이 생각해 볼 일이다.

1 우리를 파멸시킬 수 있는 첫 번째 칼은 교만이다.

사울 왕의 죽음에 큰 역할을 한 것이 바로 이 교만이었다. 그는 자신을 모든 법 위에 있는 무적의 슈퍼스타라고 생각했고, 나아가 하나님보다 위대하다고 생각했다. 이런 종류의 자만심 가득한 태도는 겸손의 반대로서, 그런 따위의 거만함은 우리를 파멸시킬 수 있다.

얼마 전 미국연합감리교회 주간지(*The United Methodist Reporter*)의 편집자란에 이에 대한 뛰어난 글이 실렸다.

조용히 들어선 선생님이 터놓고 이야기를 해나갔다. "그는 스타였는데 자신은 누구도 대적할 수 없는 사람이라고 생각했지." 선생님이 말한 그 젊은이는 최근에 고등학교를 졸업한 운동선수인데 큰 대학교에서 축구 장학금까지 받게 된 사람이었다. 자신이 무적의 존재라고 여긴 그의 생각은 경찰이 그 젊은이를 포함하여 세 사람을 무장 강도혐의로 체포하면서 끝장이 났다. 그 사건으로 해서 대학교는 장학금 지급을 취소했으며, 아마도 이 젊은이의 다음 행선지는 대학의 미식 축구장이 아니라 감옥이 되었으리라.

이 젊은 운동선수는 "참 안됐군." 하는 소리를 듣는 것 외에 더 이상 다른 반응을 기대할 수 없는 인물이 되었다. 무적의 스타 신드롬, 즉 법규는 다른 사람들이나 지키기 위해 만들어진 것이라는 생각은 스포츠에, 정치에 그리고 종교에 몸담고 있는 많은 사람들에게 영향을 미쳤다(그런 이름들을 채우는 것은 당신의 몫이다).

우리는 물론 스타와 영웅들을 필요로 한다. 진짜 그런 사람은 대개 조용하게 그리고 요란스럽게 과시하지도 않으면서 우리 사회를 고상한 사회로 만들어 간다. 그러나 무적의 환상(우리 믿음의 조상들은 그것을 교만의 죄라고 불렀다)에 굴복하는 사람들은 자신과 다른 사람들에게 파멸만을 가져온다. 크리스천으로서 우리는 하나님의 나라는 무적의 존재에 의해서가 아니라(건방지게 자만하는 사람도 아니다) 온순한 사람(겸손한 사람)에 의해 이어받게 될 것이라는 사실을 서로 상기시켜야 한다.

교만의 죄가 사울 왕을 파멸시켰지만 또 우리들을 멸망시킬 수도 있다. 예수께서 우리들로 하여금 겸손한 마음을 가지도록 그토록 강하게 그리고 자주 부추기신 이유가 바로 그것이다. 왜냐하면 우리가 교만하거나 자기 중심적이거나 불쾌할 정도로 교만해질 때, 우리는 파멸의 씨앗을 심는 것이며, 우리의 칼 위로 넘어지게 된다는 것을 그분이 아셨기 때문이다.

2 우리를 파멸시킬 수 있는 두 번째 칼은 미움이다.

사울 왕은 사무엘 선지자가 하나님의 말씀을 들려주는 것이 싫어서 그를 미워했다. 그는 젊은 다윗도 미워했는데 그 까닭은 다윗이 너무 인기가 좋고 자기에 대한 관심을 훔쳐간다고 생각했기 때문이었다. 그러다 보니 사울 왕의 증오가 극도로 그 자신을 파멸시킨 것이다. 증오는 그렇게 작용하기 마련이다. 당신도 전에 미움을 느꼈는지 나는 알지 못한다. 누군가가 당신을 싫어한다는 것을 아는 것은 고통스러운 느낌이다. 우리는 모두 자신이 남에게 사랑받으며, 용납되며, 가치 있게 여김 받으며, 존경받기를 원하는데 그렇지 못할 때는 참으로 고통스럽다.

앞서 소개한 바 있는 친구 돈 웹이 들려준 또 다른 이야기도 여러 해 전 그가 겪었던 것이다. 군 복무 시절 어느 시점에서 그는 포르투갈인 배에 일등 항해시로 피견을 받았다. 그 배에 백인이라고는 자기 혼자뿐에 없었는데 거기서 그는 그 동안 경험해 보지 못했던 편견과 차별의 고통을 겪었다. 많은 포르투갈 선원들이 어려서부터 백인들은 더러운 사람이니까 그들을 미워하고 가까이 하지 말라고 배워왔었다.

웹이 갑판 위를 걸을 때면, 선원들은 그를 보고 진저리를 치며 피하곤 했다. 만약 그의 그림자가 자기들이 들고 있는 음식 위를 지나면 곧바로 배의 가장자리로 가서 구역질을 하고 토하면서 음식을 배 밖으로 던져버렸다. 왜냐하면 더러운 백인의 그림자가 자기들의 식사를 건드렸기 때문이란다. 당신이라면 그 기분이 어떨지 상상할 수 있을까? 그런 경험을 통해서 웹은 편견과 미움에 대해 많은 것들을 배웠다.

미움 받는 것은 몹시 힘든 일이지만 그보다 더 나쁜 것이 있으니 바로 자신이 미워하는 사람이 되는 것이다! 예수께서는 거듭해서 미워하는 영혼의 죄에 대해 말씀하셨다. 우리가 마음속에 미움을 가지고서는 하나님의 임재 안에 들어갈 수 없다고 말씀하시면서 우리에게 항상 은혜롭고, 자비로우며 사랑하는 자세를 갖도록 촉구하셨다.

혹시 적대적인 내용이 담긴 익명의 편지를 받아 본 적이 있는가? 증오가 가득한 협박을 받아 본 적이 있는가? 그것은 고통스러운 경험이지만 당신이 그런 역할을 하는 사람이 된다는 것은 더욱 고통스러운 일이다. 미움 받는 사람이 되는 것은 삶을 스트레스로 가득하게 하고, 초조하게 하며, 어렵게 하고 또 고통스럽게 만들기까지 한다. 그러나 우리는 하나님의 도움을 힘입어 그런 문제들 위로 일어설 수 있다.

반면에 미워하는 사람이 되는 것은 우리를 파멸시킬 수 있다! 그 일이 우리 안에서 벌어질 수 있다! 우리는 이미 사울 왕의 이야기 속에서 인상적으로 보았다. 사무엘과 다윗은 사울 왕의 미움 속에서도 살아남았지만, 사울 왕 자신은 그렇지 못했다. 그 자신 속에 있는 미움의 칼이 그를 파멸시킨 것이다. 남을 미워할 때 우리는 파멸의 씨앗을 뿌리는 것이며, 우리 자신의 칼 위에 엎어져 죽게 되는 것이다.

3 우리를 파멸시킬 수 있는 세 번째 칼은 불신과 의심이다.

사울 왕은 매우 편집적(偏執的)인 자세를 보이게 되면서 극도로 다윗을 의심하였다. 다윗이 사울을 사랑하였고 가까이 있기 원했음에도 불구하고, 사울은 점점 더 냉소적이 되었으며 다윗을 죽이려고까지 했다. 사울 왕의 불신과 의심이 그렇게 강해지다 보니 그것이 그의 영혼에 독이 되고 최후의 파멸을 가져왔다. 이 같은 성질의 편집증에 걸린 사람의 이야기가 생각난다. 그 사람은 미식축구 선수였는데, 자기 팀이 작전을 의논하기 위해 허들을 짤 때마다 다른 선수들이 자기를 돌려놓기 위한 음모를 꾸미고 있다고 확신하는 바람에 결국 축구를 그만두었다.

이솝의 우화 가운데 하나가 이 점을 잘 보여준다 : 네 마리의 황소가 가까운 친구로 지내면서 어디든 함께 다녔다. 풀을 뜯어 먹는 것도 늘 같이 했다. 머무는 것도 한결같이 함께 하다 보니 어떤 위험이 근처에 오더라도 넷이서 같이 대처할 수가 있었다.

그러니 사자 한 마리가 이따금 몰래 그들을 추적했지만 네 마리가 늘 함께 다니는 까닭에 혼자서 잡을 수가 없었다. 그중의 어느 놈이라도 일대일로 상대할 수는 있지만 단번에 네 마리를 혼자서 상대할 수 없다는 것을 사자는 알고 있었다. 그래서 사자는 하나의 계획을 생각해냈다. 풀을 뜯어 먹던 소들 중에 한 마리가 좀 뒤로 처질 때, 낙오된 녀석에게 살금살금 다가가서 그 소에게 다른 소들이 그에 대해 좋지 않은 소리를 한다고 살짝 말해 주기로 한 것이다.

사자는 끊임없이 참아가며 네 마리의 소들이 서로를 의심하게 될 때까지 계획대로 했다. 소들은 지마다 다른 세 녀석들이 자기를 내치려는 음모를 꾸미고 있다고 생각했다! 드디어, 그들 가운데 더 이상 어떤 신뢰도 남아 있지 않게 되자 그들은 흩어져 각자 혼자 가 버리고 우정도 깨져 버렸다.

포효하는 사자가 승리를 차지했다 : 한 마리씩 공격했고 결국 소 네 마리를 모두 잡아먹은 것이다. 그 소들은 사실 그들 자신의 불신과 의심으로 파멸된 것이다. 우리가 편집증세를 보일 때, 우리는 우리 자신의 파멸의 씨앗을 뿌리는 것이며 우리 자신의 칼 위에 엎어져 죽게 되는 것이다.

4 우리를 파멸시킬 수 있는 마지막 칼은 이기주의다.

하나님은 사랑으로 우리를 만드셨고, 또한 사랑을 위해 우리를 만드셨다. 그분은 우리가 자기 중심적이 아니라 자기를 내어주는 사람이 되기를 원하신다. 사울 왕은 바로 그런 판단을 잃었기에 그의 이기심이 그에게 죽음을 가져왔다. 일은 그저 그렇게 된 것이다. 이기심은 우리의 영혼을 꿰뚫고 들어와 황폐화시킬 수 있는 위험하고 파괴적인 적이다. 누가 지은 것인지 알 수는 없지만 "주님의 기도에 대하여"라는 시의 두 행은 이 점을 잘 표현하고 있다.

그대는 주의 기도를 드릴 수 없네
그저 "나."라고 한마디 할 뿐

마태복음에 기록된 이 말씀을 기억하라. "칼을 쓰는 사람은 모두 칼로 망한다.(마 26:52)" 또한 이것은 영적으로도 맞는 말씀이다. 만약에 우리가 자만심, 미움, 의심 또는 이기심의 칼에 의지해서 살아간다면, 바로 스트레스로 가득한 그 칼들에 의해 죽을 것이다! 그러나 만약에 성령의 열매(겸손, 은혜, 신뢰, 그리고 사랑)에 의지해 살아간다면, 우리는 평화와 기쁨 안에서 살 수 있으며, 우리의 삶은 영원할 수 있다!

 우리를 괴롭히고 파멸시키는 것들

1. '교만'
2. '미움'
3. '불신과 의심'
4. '이기주의'

제 14 장 스트레스와 적개심

다른 죄수 두 사람도 예수와 함께 처형장으로 끌려갔다. 그들은 해골이라 하는 곳에 이르러서, 거기서 예수를 십자가에 달고, 그 죄수들도 그렇게 하였는데, 한 사람은 그의 오른쪽에, 한 사람은 그의 왼쪽에 달았다. 그때에 예수께서 말씀하셨다. "아버지, 저 사람들을 용서하여 주십시오. 저 사람들은 자기네가 무슨 일을 하는지를 알지 못합니다." 그들은 제비를 뽑아서, 예수의 옷을 나누어 가졌다. 백성은 서서 바라보고 있었고, 지도자들은 비웃으며 말하였다. "이 자가 남을 구원하였으니, 정말 그가 택하심을 받은 분이라면, 자기나 구원하라지." 병정들도 예수를 조롱하였는데, 그들은 가까이 가서, 그에게 신 포도주를 들이대면서, 말하였다. "네가 유대인의 왕이라면, 너나 구원하여 보아라." 예수의 머리 위에는 "이는 유대인의 왕이다." 이렇게 쓴 죄패가 붙어 있었다. 예수와 함께 달려있는 죄수 가운데 하나도 그를 모독하며 말하였다. "너는 그리스도가 아니냐? 너와 우리를 구원하여라." 그러나 다른 하나는 그를 꾸짖으며 말하였다. "똑같은 처형을 받고 있는 주제에, 너는 하나님이 두렵지도 않으냐? 우리야 우리가 저지른 일 때문에 그에 마땅한 벌을 받고 있으니 당연하지만, 이분은 아무것도 잘못한 일이 없다." 그리고 나서 그는 예수께 말하였다. "예수님, 주님이 주님의 나라에 들어가실 때에, 나를 기억해 주십시오." 예수께서 그에게 말씀하셨다. "내가 진정으로 네게 말한다. 너는 오늘 나와 함께 낙원에 있을 것이다." (누가복음 23:32~43)

스트레스와 적개심

만약 연필과 종이를 주고 예수의 삶과 인품 가운데 가장 인상적인 특성들을 적으라고 한다면 당신은 무엇을 쓸 것인가? 예수의 가장 두드러진 특징들을 간략히 쓴다면 무엇을 쓸 것인가? 물론, 우리들 대부분은 목록의 맨 위에 사랑을 쓰고 이어서 헌신, 용기, 지혜, 겸손, 인내, 자비, 그리고 관용을 놓을 것이다. 그러나 나는 예수의 삶 속에 있는 특징 가운데 우리가 별로 강조하지 않고 있는 한 가지, 아마도 그의 주된 특성 목록의 윗자리에 올려야 할, 다른 것이 있다고 생각한다.

나는 지금 그분의 놀라운 성숙함(영적, 정서적)을 말하고 있다. 그분은 불과 30대 초반의 젊은이였지만 아주 성숙한 사람이었다. 누가복음 23장에서 우리는 그것을 생생하게 볼 수 있다. 지도자들이 그분을 비웃고, 사형수 중의 하나는 그분에게 푸념을 하고, 주위에 서 있는 군중은 멍청히 바라만 보고, 병정들은 조롱하고, 그리고 모두가 한결같이 그분을 십자가에서 죽게 만들었을 때, 그분은 이렇게 반응하셨다. "아버지, 저 사람들을 용서하여 주십시오. 저 사람들은 자기네가 무슨 일을 하는지를 알지 못합니다." 그것이 바로 성숙함의 극치다!

그들은 예수께 추악한 짓들을 했으나 예수께서는 그들과 같은 수준의 대꾸를 안 하셨다. 그들은 예수께 미움을 쏟아냈으나 예수께서는 그들에게 미움을 되돌리지 않으셨다. 그들은 예수께 적대적이었으나 그분은 흔들리지 않으셨다. 그분은 그런 것을 개인적으로 받아들이는 것을 싫어하셨다. 그분은 자기 자신이 아니라 그들에게 문제가 있음을 충분히 알 만큼 성숙한 분이셨다.

1963년에 출간된 후 전 미 대륙에 있는 심리학자와 상담가들에게 크게 인기가 있었던 헉슬리(Laura Huxley)의 책, 「표적은 당신이 아니다」(You are not the target) 속에는 이런 이야기가 있다. 가까운 사람들이 당신에게 불평을 하고 짜증나게 할 때, 그것이 화가 나고 어렵겠지만 잠시 멈추어라. "그리고 그들의 불쾌하고 상처를 주는 행동이 사실은 당신을 겨냥한 것이 아님을 인식하라. …… **표적은 당신이 아니다.** 당신은 단지 그때 거기 **있었을 뿐**이다." 당신은 순진하게 다툼이 있는 사람들의 문제들 속으로 들어갔고, 그들은 자기들의 좌절감을 당신에게 쏟아낸 것이다. 이것은 우리가 사는 동안 겪는 일상적 경험이다.

아들 제프가 다섯 살이었을 때 동네에 조금 흥분할 일이 있었다. 아래 길목에 있는 집에 강아지가 태어났는데, 사냥용 애완견이 강아지를 여섯 마리나 낳은 것이다. 동네 아이들 모두가 탄생의 경이로움에 전율을 느꼈을 정도였다.

열다섯 명이나 되는 어린아이들이 강아지들을 보러 그 집에 갔는데 그때 열네 명은 먼저 가 있었고 우리 아들 제프는 맨 뒤에 도착했다. 그런데 우리 아들이 도착하자마자 어미 개가 아들을 보고 마구 으르렁댔다.

너무 놀라고 마음이 상한 아들은 그 길로 울면서 집으로 돌아왔다. "아빠, 왜 엄마개가 나한테만 으르렁거리죠? 나는 강아지를 귀찮게 하지도 않았고, 강아지를 다치게 하지도 않았는데 왜 나에게만 짖어요?"

"제프야, 너하고는 상관없는 거야. 너 때문이 아니란다. 엄마개는

열네 명의 아이들 때문에 화가 나 있었는데 네가 열다섯 번째로 나타났던 거지. 개가 지쳐 있다가 너한테 터뜨린 거야. 너는 단지 어미 개의 기분이 좋지 않은 때에 그곳에 간 것뿐이란다!" 내가 말해 주었다.

요점은 분명하다 : 어떤 사람이 우리에게 짜증나게 말할 때, 대부분의 경우 사실은 그렇게 하는 사람 자신에게 문제가 있는 것이다. 표적은 우리가 아니다. 이것이 헉슬리가 그 책에서 가르쳐주고 있는 것이다. 그녀의 책이 처음 나왔을 때 많은 사람들이 그것을 중요한 심리학적 돌파구(새롭고 도움 되는 아이디어)로 삼을 것으로 여겼다. 실제로 많은 도움이 되는 것이지만 사실 그것은 이미 예수께서 오래 전에 말씀과 행동을 통하여 우리들에게 가르쳐주신 것이다.

어떤 사람이 당신에게 미움을 드러낼 때 당신이 아니라 그 사람이 진짜 문제를 가지고 있는 것이다. 그러니 그 사람과 같은 수준으로 당신이 내려가지 말고 높은 위치에서 할 수 있는 대로 문제해결을 돕되, 그것을 개인적으로 받아들이지 말아라. 다른 사람의 화나 불안정, 죄책감이나 질투가 당신을 흔들거나, 화를 돋우거나, 무너뜨리지 못하게 하라.

"그가 욕설을 들었을 때 다시 욕설로 대꾸하지 않았다." 예수께서는 그들이야말로 문제를 지닌 사람들이라는 것을 아셨으므로, 자기를 핍박하는 사람들을 위해 기도하셨던 것이다. 이 고결한 정신은 인간관계에 있어서 그리고 살아가는 데 있어서 아주 중요하다. "(외부의 투정과 공격을) 개인적인 것으로 받아들이지 않는" 크리스천의 능력은 영적 성숙의 진정한 증거 가운데 하나다. 좀더 본질에 다가가 보자.

1 누군가가 당신에게 적대감을 보일 때 그것을 당신 개인적으로 받아들이지 말라.

몇 해 전, 서부 테네시 지역에서 목회하고 있던 때였다. 하루는 주일 아침 일찍 예배 준비가 잘 되었는가를 살피러 예배실에 들어갔다. 그날 아침예배 때 영아세례를 베풀 계획이었으므로 세례반(盤)에 물이 담겨 있는가 확인하기 위해서다(목회자들은 의식이 진행되는 과정에서 물이 담긴 그릇의 뚜껑을 열다가 물이 없는 것을 발견했을 때에 느끼는 일종의 직업적인 두려움을 가지고 있다). 그날은 마침 상쾌한 여름 아침이어서 기분도 좋아 휘파람을 불며 갔다.

세례대(臺)에 가까이 갔을 때가 아침 여덟 시, 아무도 없을 시간인데 한 사람이 제단에 서 있었다. "안녕하세요?" 내가 밝게 인사를 건넸다. 그러자 갑자기 그 사람, 밥(Bob)이 나를 향해 돌아서면서 서부 테네시 사투리로 말했다. "내가 연장을 좀 닦았수다." 그는 화를 내면서 큰 소리로 분노를 터뜨리기 시작했다. 그는 우리 사회의 비능률을 탓하고, 또 교회를 포함하여 세상의 모든 것들의 관리가 얼마나 잘못되고 있는가를 꼬집었다. 그의 적개심은 세례반(盤)에 있는 물 문제로 표출된 것으로 보였다.

그는 세례반(盤)을 보면서 "여기 더러운 물 좀 보세요. 누군가 이 물에 신경을 좀 썼어야 했는데, 도저히 용서할 수가 없어요." 하고 말했다.

실제로 그 물은 더러워 보였다. 하지만 그렇게 보이는 데는 그럴 만한 이유가 있었다. 바로 며칠 전, 성지순례를 막 다녀온 할머니 한 분이 자기 손자가 세례 받을 것을 생각하면서 요단강에서 떠온 물을 세례반(盤)에다 부어 놓았다. 그렇지만 방금 푸념을 늘어놓던 밥(Bob)은 그런 사연을 들으려고 하지도 않았으며, 화가 극도에 달해서 그 순간에는 사리를 분별할 처지도 아니었다. 그의 얼굴은 열이 나서 빨갛게 달아오르고 내 쪽을 향해 적대감 섞인 투덜거림은 계속되었다.

그 소리를 들으면서 두 가지 생각이 떠올랐다. 우선 생각한 것은 '내게 문제가 있구나. 주님, 저를 도와주십시오.' 하는 것이었다. 그러나 밥(Bob)을 쳐다보고 그의 장황한 푸념을 들으면서 이런 생각이 들었다. '아! 문제는 내가 아니라 이 사람에게 있구나. 성질이 나서 혈색이 빨개지고 화를 내는 것은 이 사람이다. 여기 들어올 때 나는 편안했었지. 문제는 이 사람에게 있는 거다.' 나는 조용히 그를 위해 기도했다.

그가 마음의 상처로 침울해 있을 때, 그의 어깨에 손을 대고 이렇게 말해 주었다. "밥, 교인인 우리가 당신을 화나게 해서 미안해요. 우리는 그래도 당신을 사랑한답니다. 그리고 고의로 당신의 마음을 상하게 하려던 것도 아닙니다. 저는 당신이 그렇게 교회를 사랑하고 또 우리가 모든 일을 바르게 하기 원하는 것을 보니 참 좋습니다. 이 문제에 관심을 일깨워주셔서 감사합니다. 오늘 아침 직원 모임 때 그것에 대해 이야기하고, 모두가 더욱 잘하도록 노력할게요."

갑자기 그가 울면서 내게 사과했다. 그와 좀더 얘기를 나누고 나서 세례식 때 쓸 물을 바꾸어 놓고 바로 성례전을 하러 갔다. 성례를 끝내고 교회 밖으로 나오자 밥(Bob)의 아내가 나를 기다리고 있었다.

"목사님, 아침에 제가 예배실 앞 로비에 있다가 제 남편이 목사님께 하는 말을 다 들었답니다. 제가 대신 사과드릴게요. 사실 그이는 목사님이나 이 교회 모두 사랑한답니다." 이렇게 말하고 그녀는 한마디 덧붙였다. "목사님은 그저 그이가 맥이 빠져 있을 때 만나신 것뿐이랍니다."

내 마음속에 섬광처럼 스치는 것이 있었다. 밥(Bob)은 토요일 밤에 너무 시달렸던 탓에 주일 아침까지도 영육이 모두 상한 상태였다. 그는 엄청난 죄책감에 시달리며 대단한 두통을 겪었는데, 바로 그 고통의 순간에 내가 그를 만난 것이었다.

　이것이 바로 초점이다 : 나는 밥이 좀 허술하고, 터무니없고, 잔인하고, 적대적인 사람이라고 생각할 수도 있었다. 그렇지만 그는 그렇지 않다! 그는 단지 울적한 날을 보내고 있었고, 내가 적절치 않은 때에 그를 만난 것뿐이다.

　사람들이 우리에게 적대적일 때 이런 경우가 자주 있다. 그들은 우리가 잘 알지도 못하고 또 볼 수도 없는 문제를 가지고 있으며, 좌절감 속에서 누구든 곁에 지나가는 사람들에게 비난을 퍼붓는다. 어떤 사람이 당신에게 적대감을 보일 때, 그렇게 호되게 대드는 사람이 바로 진짜 문제가 있는 사람이라는 것, 그리고 당신은 단지 그들의 문제와 고통의 결과 속으로 빠져들고 있음을 기억하라.

　그들은 예수께도 적대적이었는데 예수께서는 그들을 위해 기도하셨다. 자신에게 적대적이었던 그들을 예수님은 용서하셨다. 자신에게 적대적이었던 그들을 예수께서는 계속해서 사랑하셨다. 왜 그랬을까? 자기 자신이 아니라 그들이 바로 진짜 문제를 가진 사람들임을 아셨기 때문이었다. 그러한 영혼의 너그러움이야말로 크리스천의 성숙을 드러내는 생생한 표징이다.

2 다른 사람이 당신을 거부할 때 그것을 개인적으로 받아들이지 말라.

　다른 사람이 당신을 거부할 때 그것을 당신 개인에게 해당하는 것으로 받아들이지 않는다는 것은 어려운 일이다. 그러나 대개의 경우 당신은 문제가 있는 사람이 아니다.

여러 해 전, 중부 오하이오 연회에서 목회하던 시절, 어느 월요일 아침 교회 사무실에 가 보니 한 남자가 젊은 여사무원에게 거칠게 말을 해대고 있었다. 그 사람이 화가 나서 사무원의 얼굴에 대고 삿대질을 하면서 "이 교회에 내가 다시 발을 들여놓나 봐라!" 하고 말하고 있을 때 내가 들어간 것이었다.

눈물까지 흘리는 사무원을 도와 궁지에서 구해내려는 생각으로 그 사람을 내 사무실로 데리고 가자 그의 노여움은 이제 나를 향했다. 그가 화가 난 것은 그날 아침에 교회의 중요한 위원회 하나가 새로 구성되었음을 알리는 편지를 받은 직후였다. 그 동안 그는 줄곧 그 위원회의 위원이었는데 새로 구성되기 직전까지 누구도 그에게 앞으로 더 봉사할 생각이 있느냐고 묻지 않았고, 그래서 성이 났던 것이다!

그의 말을 들었을 때 두 가지 생각이 났다. 우선, 그가 과민반응을 보이고 있다는 것을 알았다. 그것은 하나의 중요한 위원회였지만 진실은, 그가 만약 한 개의 모임에도 전혀 들지 않았더라도 그것이 곧 세상이 끝장나는 것이 아니라는 점이다. 내가 생각하기에 그를 초라하게 만드는 보다 근원적인 무엇인가가 틀림없이 있다. 다음으로, 그는 그답지 않은 행동을 하고 있었다. 내가 알고 있는 그 사람은 기본적으로 교회를 열정적으로 사랑하는 친절하고 순한 사람이었다. 그의 삶 속에 무언가 나쁜 일이 있었을 텐데 나는 그게 무엇인지는 몰랐다.

사전에 누군가가 의사 타진을 했으리라고 생각했지만 그 작업이 누락된 것이 분명하여 우리 모두 유감으로 생각한다는 이야기를 해 주고 그에게 사과했다. 물론 그 위원회에서 봉사하도록 되어 있지는 않지만, 당신이야말로 위원장이 교회를 통틀어 중요한 역할을 맡길 만한 사람이라고 말해 주었다. 그리고 또다시 사과하면서 진심으로 용서해 주기를 바란다고 했다.

그러자 그가 울기 시작하면서, "목사님, 미안합니다. 저답지 않다는 점을 아실 겁니다. 도대체 왜 그런 일로 화를 냈는지 알 수가 없습니다. 용서를 구해야 할 사람은 바로 접니다." 하고 말했다. 우리 두 사람은 얼마간 더 이야기를 나눈 후 같이 기도했다. 그리고 그는 사무원과 화해를 하러 나갔다. 나는 어찌할 바를 몰랐다. 도무지 왜 교회에서 보낸 편지가 그의 화를 돋우었는지 알 수가 없었다.

한 시간쯤 지났을까, 그 대답을 찾았다. 그 사람의 스무세 살 난 딸이 울면서 내 사무실에 나타났다. 그녀가 말했다. "목사님, 누군가에게 말하고 싶은 게 있어요. 지난 금요일 밤, 제 남편이 저를 버리고 떠났어요. 그가 돌아오지 않자 저는 무엇을 하여야 할지 모르겠어요. 저는 직업도 없고 아이는 둘이나 있거든요. 주말 내내 울며 지냈는데, 아직 아무에게도 말하진 않았습니다. 엄마에게도 물론 안 했구요." 그리고 나서 한마디 덧붙였다. "오늘 아침에 아빠에게 전화를 걸어 말씀드렸습니다."

원인을 알 것 같았다. 그녀의 아버지는 아침에 출근해서 사무실에 있다가 딸의 전화를 받고 사위가 딸을 버려둔 채 사라졌다는 소식을 들었다. 전화를 끊은 후 화도 나고 걱정도 되고 좌절감에 빠져 있다가 배달된 편지에 손이 갔는데 그때 맨 위에 있던 편지가 바로 교회에서 보낸 것이었다. 그렇게 해서 그의 좌절의 원인을 간파하게 되었다.

우리는 그를 변변찮고 거칠며 교회를 증오하고 배척하는 사람이라고 생각할 수도 있었지만 그는 그렇지 않았다! 단지 그가 마음이 상했을 때 우리가 그를 만난 것이다. 말하자면 그의 고통 속으로 들어간 것이었다.

그들은 예수를 배척했으나 예수는 그들을 배척하지 않았다. 그들이 예수를 배척했지만 그분은 그것을 개인적인 것으로 받아들이지 않았다. 정말 문제가 있는 것은 자기 자신이 아니라 그들이라는 것을 예수는 알고 계셨다.

3 다른 사람이 우리를 비난할 때 어떻게 해야 할까?

우리가 선택할 수 있는 것은 다음의 세 가지다.

첫째, 아이들 같은 반응 – 누군가가 놀리기 때문에 달아나거나 숨어버린다. 이것은 해답이 아니다. 물론 당시의 상황이 위험하거나 신체에 해를 입을 수 있는 경우라면 다르겠지만.

둘째, 청년기의 반응 – 저항하고, 공격하고, 복수한다. 이 경우 우리를 비난하는 사람들의 수준으로 우리도 내려가게 되는 문제가 있기 때문에 이것도 해답이 아니다.

셋째, 성숙한 어른의 반응 – 적대적인 것들을 흡수하되 개인적인 것으로 받아들이지 않는, 내가 말하는 흡수의 목회를 실천한다. 이것이 바로 크리스천의 강력한 방법이다. 그것은 문제에 빠져 있는 사람들의 노여움이나 질투, 불안정이나 좌절감이 넘쳐 우리를 흔들거나 화나게 하거나 또는 쳐부수도록 하지 않으면서 그것을 잘 풀어가도록 도와주려고 노력하는 목회다.

"왼쪽 뺨마저 돌려 대어라", "십리를 같이 가주어라", "원수를 사랑하여라", "박해하는 사람을 위하여 기도하여라" – 무엇이라고 부르든, 남을 비난하는 사람들은 바로 문제를 가지고 있는 사람이라는 것을 이해해라.

그들은 예수를 조롱하고, 못을 박고, 놀리고, 십자가에 매달았다.

그런데 예수께서는 "아버지, 저 사람들을 용서하여 주십시오. 저 사람들은 자기네가 무슨 일을 하는지를 알지 못합니다." 하고 말하였다.

마크햄(Edwin Markham)의 유명한 시, "따돌리다"의 마지막 두 행은 이를 잘 표현하고 있다.

그렇지만 사랑과 함께 나는 이길 수 있는 재치를 가졌고,
우리는 그 사람을 받아들일 원을 그렸네.

 **적개심에 대응하는 자세**

1. 적대감을 보일 때 그것을 개인적으로 받아들이지 말라.
2. 당신을 거부할 때 그것을 개인적으로 받아들이지 말라.
3. 우리를 비난할 때 숨거나 복수하지 말고, 적대적인 것들을 흡수하되 개인적으로 받아들이지 않는다.

제 15 장 스트레스와 거절

사울은 여전히 주님의 제자들을 위협하면서, 살기를 띠고 있었다. 그는 대제사장에게 가서, 다마스쿠스에 있는 여러 회당으로 보내는 편지를 써 달라고 하였다. 그는 그 '도'를 믿는 사람은 남자나 여자나 가리지 않고, 닥치는 대로 묶어서, 예루살렘으로 끌고 오려는 것이었다. 사울이 길을 가다가, 다마스쿠스 가까이 이르렀을 때에, 갑자기 하늘에서 환한 빛이 그를 둘러 비추었다. 그는 땅에 엎어졌다. 그리고 그는 "사울아, 사울아, 네가 왜 나를 핍박하느냐?" 하는 음성을 들었다. 그래서 그가 "주님, 누구십니까?" 하고 물으니, "나는 네가 핍박하는 예수다. 일어나서, 성 안으로 들어가거라. 네가 해야 할 일을 일러줄 사람이 있을 것이다." 하는 음성이 들려왔다. 그와 동행하는 사람들은 소리는 들었으나, 아무도 보이지는 않으므로, 말을 못하고 멍하게 서 있었다. 사울은 땅에서 일어나서 눈을 떴으나, 아무것도 볼 수가 없었다. 그래서 사람들이 그의 손을 끌고, 다마스쿠스로 데리고 갔다. 그는 사흘 동안 앞을 보지 못하는 상태에서, 먹지도 않고 마시지도 않았다. (사도행전 9:1~9)

스트레스와 거절

사도 바울은 모든 시대에 걸쳐 가장 두드러진 인물 중 한 사람이었다. 그리고 우리 시대의 가장 훌륭한 작가 중 한 사람으로 퓰리처 상 후보에 올랐던 프레드릭 뷰크너(Fredrick Buechner) 또한 마찬가지다. 이 두 사람이 뷰크너의 책 속에서 서로 만났다. 사도 바울에 대해 뷰크너가 기술한 다채롭고 감명저인 묘사를 살펴보자:

바울은 볼품이 없었다. …… "바울의 편지는 무게가 있고, 힘이 있지만, 직접 대할 때에는, 그는 약하고, 말주변도 변변치 못하다."(고후 10:10) 그것은 놀랄 일도 아니었다.
[그는 채찍질을 당하고, 수없이 매를 맞고, 돌에도 맞았으며, 그가 탄 배가 난파당하기도 했다.] 게다가 그는 병을 짊어지고 있었으며 평생 동안 "몸에 가시"가 있다고 말했다. 여기서 의아스러운 것은 어쨌든 그가 두루 돌아다닐 수 있었다는 점이다
그러나 두루 다녔고 …… 자니 애플시드(Johnny Appleseed : 본명은 John Chapman, 1774~1845, 미국 개척기에 전국에 사과 씨앗을 보급하고 심는 일에 헌신하여 사과씨앗이라는 별명을 얻음/ 역자 주)가 나

무들을 심은 것처럼 바울은 교회를 세웠다. …… 그런데 그런 일은 어디서 시작되었는가? 짐작했겠지만 시작은 길 위에서였다. 그는 말썽을 일으키는 크리스천들을 찾아내서 잡아다 법정에 세울 작정으로 다마스쿠스로 서둘러 가고 있었는데, 그때 사건이 생겼다.

바울이 40와트 전구처럼 보이는 태양빛에 충격을 받아 쓰러진 것은 정오쯤이었다. 그 불빛으로부터 소리가 들려왔는데 바울의 히브리식 이름이 두 번이나 들렸다. "사울아," 하고 이어 다시 한번 "사울아," 하면서 "너는 왜 나를 잡으려 하느냐?" 하는 소리를 들었다. 바울이 그 소리의 주인공이 누구인지 물을 만큼 평정을 되찾았을 때 황송한 음성을 들었다. "나는 네가 잡으려고 하는 나사렛 예수다."라는 음성이 전율 속에 들려왔다.

바울은 비늘 같은 것이 떨어지기를 기다렸다. 다만 떨어진 것은 비늘이 아니었다. 예수께서 말씀하셨다. "다마스쿠스에 있는 사람들을 대적하지 말고, 그들과 함께 하여라. 나는 네가 내 편에 들기를 원하노라." 바울은 완전히 미친 듯한 기쁨과 그 순간의 놀라움을 전 생애 동안 결코 잊지 못했다. …… 그는 결코 전과 같지 않았으며, 마찬가지로 세상도 이전의 그 세상이 아니었다. ……

그날 이후로 그가 말하고 쓰고 행한 모든 것은 자기 자신이 완전히 뒤집히는 경험을 했듯이 인류가 그렇게 되도록 하기 위한 하나의 시도였다. 그래서 은혜가 그의 초점이 되었고, 물론 또 하나는 바로 그리스도였다. …… 그는 두 번씩이나 자기의 이름을 부르는 소리를 듣는 가운데 소명 받은 것을 결코 잊지 않으면서 그것을 이루려고 애를 썼다. 그리고 편지에 이렇게 적었다. …… "나는 그리스도와 함께 십자가에 못 박혔으며…… 더 이상 내가 사는 것이 아니라 내 안에 그리스도께서 사신다."

(「진기한 보물들」/ 1979년판)

무언가 있지 않은가? 뷰크너의 생생한 표현들은 바울을 신선하고 실제적인 틀 안에서 우리에게 되살려주고 있다. 사도행전 9장에 대한 뷰크너의 기술 가운데 중요한 질문이 하나 있다. 그토록 극적으로 바울을 뒤집어놓은 것은 무엇이었는가? 바울을 땅에 고꾸라지게 만든 것은 무엇이었을까? 자기 삶의 방향을 바꾸게 만든 것은 무엇이었나? 우리는 이것을 일컬어 다마스쿠스 도상에서 바울의 회심이라고 말하지만, 그를 회심토록 만든 그것은 무엇이었을까?

그것은 바로 하나님의 은혜의 힘이요, 하나님의 무조건적인 사랑의 힘이며, 또한 하나님의 품어주시는 힘이었다. 아는 바와 같이 그 시점까지 바울은 부활하신 그리스도의 적이었다. 그는 자청하고 나선 자경단처럼 크리스천이라고 일컫는 이 풋내기 말썽꾸러기 집단을 혼자의 힘으로 없애버리려던 무례하기 짝이 없는 난폭한 사냥꾼이었다. 그는 거칠고 폭력적인 의식구조를 가지고 있었다 : "저놈들이 손닿는 데 있을 때 모조리 쓸어버리사! 나사렛 예수가 메시아라서나 부활했냐서나 하는 모든 소리들을 잠재워야 돼. 이 말썽꾸러기 예수쟁이들이야말로 일을 뒤틀리게 만드는 장본인들이니까 모조리 제거해야 마땅해!" 바울의 생각은 이랬다.

바울은 그것을 자기의 소명이라고 보았는데, 그때 그의 피부 깊숙한 곳에서 무언가 움직이기 시작했으며, 바로 그 무언가가 붙어 다니며 그를 괴롭히기 시작했다. 크리스천들의 믿음(용기, 신뢰감, 헌신, 침착함, 안정감, 은혜로움)은 바울이 이전에 전혀 본 적이 없는 그 무엇이었다. 특히, 사람들이 젊은 크리스천을 돌로 쳐 죽일 때 그들의 옷을 들고 있던 바울이 죽어가는 스데반에게서 받은 충격은 너무나 컸다.

두려움이나 전율, 울부짖음, 저주나 비명소리도 없었던 그 장면 - 스데반의 얼굴에 가득했던 강렬하고도 평화로운 모습 - 을 바울은 결코 잊을 수가 없었으리라. 그는 고통스러운 죽음을 의연하게 맞았으며 또한 자기를 죽이는 사람들을 위해 기도하였다 : "주님, 저들을 용서하소서. 저들은 제대로 알지를 못합니다. 저들을 용서하시고 죄를 저들에게 돌리지 마소서, 주님." 그것이 스데반의 마지막 말이었다. 바울은 바로 그것으로부터 벗어날 수가 없었다. 바울을 당황하게 하고, 충동하고, 또 그에게 도전하는 것은 바로 믿기 어려운, 은혜롭고, 사랑하며, 용서하는 정신이었다!

며칠 후, 다마스쿠스를 향해 무거운 발길을 옮기고 있을 때 바울은 겉으로는 여전히 위협과 살인의 숨소리를 내고 있었으나 내면에는 스데반의 믿음과 정신을 생각하고 있었다. 말하자면 자신의 혼과 다투고 있었던 것이다. 그의 마음속에서는 그 장면들이 계속 진행되고 있었고, 머리 속에서는 스데반이 드렸던 기도의 잔향이 들렸다. "주님, 저들을 용서하소서. 저들에게 죄를 돌리지 마소서." 그것이 바울을 움직였다. 그를 부추겨 깊은 생각에 빠지게 했던 것이다. 그것이 바로 그를 다마스쿠스 도상의 경험에 이르게 한 것이다. 오랜 후 위대한 크리스천인 성 어거스틴은 "교회는 스데반의 기도 덕분에 바울을 얻었다."고 말하였다.

그때 사건이 일어났다. 부활하신 그리스도께서 바울에게 나타나셨는데 이렇게 말씀하셨을 게 분명하다. "바울아, 나는 너에 관해 모조리 알고 있다. 네가 무엇을 해왔는지, 어떻게 나를 대적하여 왔는지 나는 안다. 그러나 여전히 나는 너를 사랑하고, 너를 필요로 하니 네가 내 편에 있어주길 바란다." 바울은 부활하신 주님의 능력 그리고 그분의 끌어안으시는 힘에 의해 압도되고 말았다.

폴 틸리히는 일찍이 **구원**이란 하나님께서 우리를 용납하신다는 사실을 받아들이는 것이라고 지적한 바 있다. 우리는 그분의 사랑을 쟁취하거나 획득하거나 마땅히 받을 만하지 못하다. 그저 우리는 그 사랑을 받아들이고 그것을 다른 사람들에게 전할 뿐이다. 바로 그것이 다마스쿠스를 향해 가던 바울에게 일어난 것이었다. 그는 (하나님께) 받아들여졌으며, 용납의 복음을 온 세상과 함께 나누지 않으면 안 된다는 것을 느꼈다. 용납은 삶을 나누는 아주 훌륭한 경험이다. 용납되지 못했다는 느낌은 삶을 메마르게 하고, 스트레스가 쌓여 치명적이 되게 만든다.

금기 사항을 위반한 사람을 처벌하는 원시 사회의 한 부족 이야기를 읽은 적이 있다. 위반자들을 주술사에게 데리고 가면 그 주술사는 보통 동물 뼈 같은 도구로 위반자들을 가리키면서 저주가 가득 담긴 주문을 해댄다. 끌려온 사람은 괴로워 몸부림치며 땅바닥에 쓰러지고 기어서 자기들의 집으로 간다.

바로 그때부터 그들은 온 마을로부터 고립되어 철저히 홀로 남게 된다. 아무도 그들을 보러 오지 않으며, 쳐다보지도 않고, 그들에게 말조차 하지 않는다. 그들은 시름시름 앓다가 끝내는 죽게 된다. 그 원시인들은 위반자들이 죽게 된 것은 주술사의 저주 때문이라고 믿지만 우리는 잘 알고 있지 않은가. 그것은 저주가 아니라 사람들이 그들을 피하는, 즉 철저한 거부가 그들을 죽이는 것이다.

우리가 믿는 복음은 세 마디 말로 요약된다 : 당신은 용납되었다! 하나님은 당신을 사랑하신다! 하나님은 당신을 용납하신다! 바로 그 복음이 바울의 삶을 되돌린 것이었으며, 그것은 당신의 삶 역시 되돌릴 수 있다. 좀더 자세히 살펴보자.

1 남들이 당신을 원하지 않는다고 느낄 때에도 하나님은 당신을 받아주신다는 것을 기억하라.

남들이 자신을 달가워하지 않는다고 느낀 적이 있는가? 남들이 당신을 꺼려한다고 느낀 적이 있는가? 당신이 밀려났다고 느낀 적이 있는가? 바로 그런 비참한 일이 바울에게 일어났다. 다마스쿠스로 가던 길에서 회개한 후, 그는 아주 들떠서 예루살렘에 있는 크리스천들에게 가서 그들과 합류하여 돕고 싶어 참을 수가 없었다. 그러나 그가 예루살렘에 갔을 때 그들은 바울을 차갑게 대했고, 그를 원치도 않을 뿐 아니라 두려워했고, 의심했다. 그래도 바울은 풀이 죽지 않았다. 왜냐하면 하나님께서 자기를 원하셨고, 또 받아주셨다는 것을 알았으니까. 그때 하나님의 은총의 기적에 의해 그의 패배는 승리로 바뀌었다. 유대인 크리스천들이 자기들 속에 넣어주지 않으니까 바울은 이방인 사역의 길을 택했고 그렇게 해서 세계는 더욱 풍성해졌다.

유명한 뮤지컬 '레미제라블(Les Miserables)'은 빅토르 유고의 서사적인 소설을 실감나게 각색한 것이다. 그것을 보면 왜 그 작품이 파리, 런던, 뉴욕 그리고 다른 도시들에서 선풍을 일으키는지 알 수 있을 만큼 아주 훌륭하다! 그 첫 장면에는 다른 죄수들과 함께 사슬에 묶여 중노동하고 있는 주인공 장발장이 나온다. 그는 배고픈 조카를 위해 빵 한 조각을 훔친 죄로 19년째 감옥생활을 해 왔다.

드디어 감옥에서 풀려나기는 했지만 자신은 오갈 데 없이 버려진 사람일 뿐이었다. 사회는 그를 경멸하였으며, 어디를 가든지 그는 거절당했다. 단지 디뉴 교구의 주교만이 그를 친절하게 대해 주었다. 그러나 오랫동안 겪은 고통 때문에 자포자기하여 적개심을 지니게 된 장발장은 친절을 베푼 주교에게 은그릇을 훔치는 것으로 보답한다. 그 일로 경찰에 체포되어 신부에게 끌려오면서 그는 사태가 더 나빠지리라 생각했다. 전에도 병에 걸린 아이를 위해 빵 한 조각을 훔쳤다는 이유로 19년간을 감옥에 있어야 하지 않았던가! 주교에게서 은그릇을 훔친 그에게 저들은 무엇을 할 것인가?

그러나 이게 어인 일인가! 놀랍게도 주교는 그를 덮어주었다. 주교는, "은그릇은 그가 훔친 것이 아니라 내가 선물로 준 것입니다."라고 말하면서 장발장의 얼굴을 향하여 "장발장, 자네는 내가 촛대도 선물로 주었는데 그것은 잊고 안 가져갔더군." 하고 말했다.

그 호의와 사랑, 용서, 그리고 용납이 장발장을 놀라게 하였다. 바울이 다마스쿠스로 가는 길에서 그 수용하는 힘에 의해 압도되었듯이 장발장도 그때 삶을 새롭게 출발할 것을 결심하였다.

주교는 어디에서 그러한 은총과 용서의 정신을 갖게 되었을까? 어디에서 그는 그러한 자비와 동정과 수용의 정신을 갖게 되었을까? 바로 예수 그리스도로부터 얻은 것이다. 예수는 그것을 우리에게 가르치러 오신 것이다 : 하나님은 우리를 용납하시고, 우리들 또한 그 같은 호의의 정신으로 살기를 원하신다. 그러니 남들이 당신을 원하지 않는다고 느낄 때면 바로 당신이 하나님께 용납되었다는 것을 기억하라. 하나님은 당신을 받아들이시며, 당신을 원하신다.

2 당신이 단절되었다고 느낄 때 거기에 하나님이 계시다는 것을 기억하라.

바울에게도 어려운 순간들이 있었지만 그는 하나님께서 함께 계시며 자신을 잘 살피고 계시리라는 것을 알고 있었다. 법정에 홀로 섰을 때, 감방 안에 혼자 있을 때, 형틀에 묶여 있을 때, 배가 파선되어 망망대해에서 표류할 때, 한밤에 마을을 빠져 도망갈 때, 폭도의 린치를 피해 달아날 때, 사형대에서 죽음을 직면할 때, 바울은 그 모든 경우를 고상하고 품위 있는 모습으로 맞았다. 가족들과 친구들 그리고 자신의 일로부터 단절되었지만 그는 그 모든 것을 두려움 없이 대했는데 그 까닭은 하나님께서 자기와 함께 계시다는 것을 알았기 때문이다.

「감옥으로부터의 편지와 사색」(Letters and Papers from Prison)이라는 책의 주인공인 디트리히 본회퍼는 "나는 누구일까?"라는 글 속에서 이것을 예리하게 표현하였다.

나는 누구일까?
남들은 가끔 내게 말하기를
감방에서 나오는 나의 모습이
침착하고, 명랑하고, 흔들림이 없어
마치 자기 성(城)에서 나오는 영주 같다는데

〈나는 누구일까?
남들은 또 내게 말하기를
간수들과 말하는 나의 모습이
어찌나 자유롭고, 다정하고, 분명한지
마치 그들에게 명령하는 사람 같다는데〉

나는 누구일까?
남들은 또 내게 말하기를
불행한 하루를 지내는 나의 모습이
편안하게 웃음 띤 채 당당한 것이
마치 승리만을 아는 투사 같다는데
그러면 남들이 말하는 그런 모습의 내가 참 나일까?
나 스스로 아는 내가 참 나일까?
새장에 든 새처럼 불안하고, 그리워하는 약한 나,

목이 졸린 것처럼 숨쉬고 싶어 몸부림치고,
색과 꽃과 새 소리에 주리고,
친절한 말, 따뜻한 대접을 목말라 하고,
횡포나 사소한 굴욕에도 떨며 참지 못하고,
거창한 사건이라도 일어났으면 하며 안달하고,
멀리 떨어져 있는 친구들 생각에 맥없이 흐느끼고,
기도하고 생각하고 일하는 것에도 지쳐 허탈에 빠진 나,
의기소침한 채 이 모든 것들에게 이별을 고할 때가 된,
이것이 내가 아닌가?

나는 누구일까? 이것인가, 저것인가?
　〈오늘은 이런 사람이고 내일은 또 다른 사람인가?
　이 둘이 동시에 나일까?
　다른 사람들 앞에서는 위선자이면서,
　나 자신 앞에서는 비열하기 짝이 없는 불쌍한 약자일까?
　아니면, 승리가 이미 가려진 싸움에서
　정신없이 도망치는 패잔병 같은 신세일까?

　나는 도대체 누구일까?
　이 고독한 물음들이 나를 비웃는다.〉

내가 누구이든 나를 아는 이는 오직 당신뿐
오, 하나님,
나는 당신의 것일 뿐입니다.

(Letters and Papers from Prison, Dietrich Bonhoeffer : 〈 〉 안의 부분은 본서의 저자가 '시' 전체 내용 중 생략한 부분을 옮겨 넣은 것임/ 역자 주)

남들이 우리를 만나기 꺼려하고, 소외시킨다고 느낄 때, 바로 그때 우리에게 주는 복된 소식이 있다 : 하나님은 우리를 사랑하시고, 받아주시며, 거기에 우리와 함께 계실 것이다.

3 당신이 쓸모없다고 느낄 때 당신이 꼭 완벽해야 하는 것은 아님을 기억하라.

우리에게는 우리들을 받아주시고 구원하시는 구세주가 있다.
뮤지컬 '갓스펠(Godspell)'에는 멋진 장면들이 많이 나오지만 그중에 내가 좋아하는 것은 끝나갈 무렵 예수님이 다락방에서 제자들과 함께 계신 장면이다. 그가 물통과 수건 그리고 거울을 들고 제자들에게 가서 차례차례 그들의 익살스러운 얼굴을 닦아주신다. 그리고는 그들이 자신들의 진짜 모습을 볼 수 있게 그들의 얼굴 앞에 거울을 들어 올려준다. 그 다음 그들을 끌어안으신다.
그 장면이 보여주는 것은 아주 분명하고 힘이 있다. 우리는 거짓 얼굴을 가질 필요가 없으며, 쓸모없는 것 같은 우리의 모습을 감출 필요도 없고, 가장할 필요도 없다. 하나님은 우리를 사랑하시고, 용납하신다, 있는 모습 그대로!
바울이 다마스쿠스로 가던 길에서 발견한 것이 바로 이것이다 : "바울아, 나는 너에 대해 잘 알고 있다. 네가 그 동안 무엇을 했는지 알지만 여전히 나는 너를 사랑한다. 너를 그대로 용납하고, 여전히 네가 내 편에

서기를 바란다."

바로 그 말씀은 그분께서 당신과 나에게 하시는 말씀이다 : "나는 너에 대해 잘 알고 있다. 네가 저지른 모든 죄와 실패, 그리고 너의 약점과 모자라는 점들을 다 알고 있다. 그리고 너의 부족함도 다 알지만 여전히 너를 사랑한단다. 아직도 너를 용납하고, 네가 내 편에 서기 바란단다."

이것이 세 마디 속에 들어 있는 기독교 신앙이다. **우리는 용납되었다. 하나님은 우리를 사랑하신다. 하나님은 우리를 받아주신다.** 그분은 우리를 사랑하시고 은혜롭게 받아주시고, 우리들도 그와 똑같은 은혜와 사랑의 정신을 가지고 살기를 원하신다.

 누군가 당신을 거부한다면?

1. 남들이 당신을 원하지 않는다고 느낄 때에도 하나님은 당신을 받아주신다는 것을 기억하라.
2. 당신이 단절되었다고 느낄 때 거기에 하나님이 계시다는 것을 기억하라.
3. 당신이 쓸모없다고 느낄 때 당신이 꼭 완벽해야 하는 것은 아님을 기억하라.

제 16 장 스트레스와
하나님의 놀라운 임재

야곱이 브엘세바를 떠나서, 하란으로 가다가, 어떤 곳에 이르렀을 때에, 해가 저물었으므로, 거기에서 하룻밤을 지내게 되었다. 그는 돌 하나를 주워서 베개로 삼고, 거기에 누워서 자다가, 꿈을 꾸었다. 그가 보니, 땅에 층계가 있고, 그 꼭대기가 하늘에 닿아 있고, 하나님의 천사들이 그 층계를 오르락내리락 하고 있었다. 주님께서 그 층계 위에 서서 말씀하셨다. "나는 주, 너의 할아버지 아브라함을 보살펴준 하나님이요, 너의 아버지 이삭을 보살펴준 하나님이다. 네가 지금 누워 있는 이 땅을, 내가 너와 너의 자손에게 주겠다. 너의 자손이 땅의 티끌처럼 많아질 것이며, 동서남북 사방으로 퍼질 것이다. 이 땅 위의 모든 백성이 너와 너의 자손 덕에 복을 받게 될 것이다. 내가 너와 함께 있어서, 네가 어디로 가든지 너를 지켜주며, 내가 너를 다시 이 땅으로 데려오겠다. 내가 너에게 약속한 것을 다 이루기까지, 내가 너를 떠나지 않겠다." 야곱은 잠에서 깨어서, 혼자 생각하였다. '주님께서 분명히 이곳에 계시는데도, 내가 미처 그것을 몰랐구나.' 그는 두려워하면서 중얼거렸다. "이 얼마나 두려운 곳인가! 이곳은 다름아닌 하나님의 집이다. 여기가 바로 하늘로 들어가는 문이다." (창세기 28:10~17)

스트레스와 하나님의 놀라운 임재

다익스(D. L. Dykes) 박사가 한여름에 목장에서 일을 하기 위해 텍사스에 간 청년의 얘기를 소개했다. 대학생활에 필요한 경비를 벌기 위해 여름철을 그렇게 보내는 것이야말로 아주 그럴듯한 생각처럼 보였다. 그 청년은 영화에서 목장 풍경을 보면서 아주 색다른 흥분을 느꼈던 터라 여름 한철에 카우보이가 되어보는 것이야말로 모험적이고 '마초'가 되는 것처럼 보였다.

그러나 부모가 태워주는 차를 타고 목장에 도착하고 나서 그 청년은 아주 실망했으며, 환상은 깨져버렸다. 눈앞에 보이는 풍경은 그가 상상했던 것과 전혀 달랐다. 그곳은 문명과 단절된 채 멀리 야트막한 언덕들 가운데 있었다. 아니, 가장 가깝다는 낙농목장 퀸이 자그마치 70마일이나 떨어져 있다니!

그는 황폐하고 음침하고 외롭기 짝이 없어 보이는 그곳을 떠나 집으로 돌아가고 싶었지만 이미 계약을 한 상태라 적어도 얼마 동안은 그곳에 머물 수밖에 없었다. 그의 부모도 집으로 돌아가는 내내 마음을 졸였다.

그날 밤, 그는 울면서 잠자리에 들었으며, 처음 얼마 동안 집에 보내는 그의 편지에는 슬픔과 아픔이 들어 있었다. 그러나 그 여름 둘째 주간에 대학생인 목장주인의 딸이 방학을 맞아 집에 돌아오고 난 후, 그의 편지에는 활기가 돌기 시작했다. 얼마 가지 않아 그 목장이야말로 자기가 여태까지 살면서 본 가장 아름다운 곳이라는 말을 편지에 써 보내고 있었다. 여름이 지나고 9월이 되어서 그의 부모는 그를 다시 데리고 와서 학업을 계속하도록 하는 데 아주 애를 먹었다.

그는 예기치 않던 곳에서 무엇인가 좋은 것을 발견했다. 잠시 숨을 돌리고 생각해 보면 예기치 않던 곳에서 무엇인가 좋은 것을 발견하게 되는 일은 인생사에 보편적인 경험이다.

하루는 지난 수개월 동안 입은 적이 없던 코트를 꺼내 입고 나서 주머니에 손을 넣는 순간 20달러짜리 지폐를 발견했다. 내가 돈을 거기에 두었는지 기억 못했지만 그 돈은 거기에 있었고, 그렇게 해서 얻은 돈이 나를 아주 기분 좋게 만들었다. 실제로, 그 일이 있던 주간에 나는 그렇게 얻은 20달러를 생각하면서 거의 100달러는 썼던 것 같다. 쓰고, 쓰고, 또 써버렸다.

두말할 필요도 없이, 예기치 않던 곳에서 어떤 좋은 것을 발견하는 것은 아주 놀라운 일이며, 짜릿한 경험이다. 성경은 바로 이러한 경험들로 채워져 있다. 예기치 못한 곳에서 발견되는 무언가 좋은 것, 바로 하나님! 세월의 흐름 속에서 우리는 이런 것들을 보게 된다 :

    사막에서 골똘히 생각하던 중 불타는 떨기나무 숲에서 하나님을 만난 모세
    바빌론의 포로가 된 백성과 함께 있다가 그 낯선 땅에서 하나님을 만난 이사야
    고통과 재난의 한가운데서 그곳에 계신 하나님을 만난 욥

로뎀나무 아래서 자기 연민에 빠져 만사 팽개친 채 자살을 생각하다가 바로 거기에서 하나님을 만난 엘리야
박해를 목적으로 크리스천들을 찾아 나섰다가 크리스천 대신 부활하신 주님을 만난 다소의 바울

갈보리, 골고다, 해골 골짜기를 생각하면서 예기치 않던 곳에서 하나님을 만나는 것에 대해 생각해 보라. 누가 감히 십자가 처형의 자리에서 하나님을 만날 수 있으리라고 생각할 것인가? 그러나 놀랍게도 하나님이 그곳에 계신다. "예기치 않던 자리에서 하나님을 만나는 것"은 창세기 28장에 자세하게 그려져 있다. 야곱이 그것을 아주 힘있게 말해 주고 있다 : "주님께서 분명히 이곳에 계시는데도, 내가 미처 그것을 몰랐구나!" 당신은 이 같은 고백을 한 야곱처럼 될 수 있는가? 당신은 야곱이 차분하게 경외의 음성으로 이런 표현을 했을 때의 감정에 다가갈 수 있는가? "주님께서 분명히 이곳에 계시는데도, 내가 미처 그것을 몰랐구나!" 하고 생각할 만큼 하나님께서 당신을 놀라게 하신 적이 있는가?

이 위대한 구절들의 문맥을 살펴보자. 야곱은 걸음아 날 살려라 하며 도망가는 중이다. 속임수, 사기, 계략, 거짓말, 그리고 음모, 이런 것을 통해서 그는 형의 권리를 훔쳤고, 들켜버렸다. 그래서 지금 그는 형 에서에게 죽음을 당할까봐 겁이 나서 달아나고 있는 중이다. 도망치던 첫날 밤, 하늘 위로 이어진 사다리를 보는 꿈을 꾼다. 꿈 속에서 하나님은 그에게 말씀을 하시고 그를 지켜주시겠다는 약속을 하신다 : "네가 어디를 가든지, 무엇을 하든지, 내가 거기 있을 것이고 너와 함께 하겠다."

야곱은 공포와 죄책감에 짓눌리고 후회에 몸부림치는 어려운 상황 속에 있다. 불안하고, 외롭고, 혼란스럽고, 부끄러웠다. 그때 느닷없이 하나님이 거기(그런 데까지) 계셨고, 야곱은 세기를 초월하여 메아리치는

표현, 성경을 통틀어 가장 위대하다고 할 만한 고백을 한다 : "주님께서 분명히 이곳에 계시는데도, 내가 미처 그것을 몰랐구나!"

이 말을 우리 삶 속에 가져오기 위해 질문을 던져보자. "어떤 놀랍고도 예기치 못하던 곳에서 우리는 하나님을 만났을까?"

1 스트레스로 가득한 예기치 못한 곳에서 하나님을 만날 수 있다.

야곱은 스트레스에 짓눌려 있는 상태였지만 그런 고뇌에 찬 상황 속에서도 하나님은 힘찬 구속의 길로 그에게 오셨다. 대체로 그렇게 역사하는 것이다. 때때로 삶의 스트레스와 긴장 그리고 문제들이 우리를 에워싸서 나갈 곳을 찾을 수도 없다. 그럴 때 돌연히 하나님께서 거기 계시며 우리의 긴장된 신경과 피곤해진 영혼에 평화를 주신다.

그 같은 일이 가장 달갑지 않은 장소, 스트레스로 가득한 어느 교회의 임원회에서 일어났다. 그때 나는 작은 교회를 담임하고 있었는데 그 날 밤은 어떤 말로도 표현할 수 없을 만큼 무서웠다. 떨려서 잠을 이룰 수도 없었고, 스트레스 때문에 녹초가 되었다. 우리는 그날 밤, 인정사정 없이 끝까지 갈 생각으로 회의를 할 참이었고, 나는 그런 순간이 오는 것을 알고 있었다. 말하자면 미리 경고를 받은 셈이었다.

프레드 존스의 감정은 상해 있었는데, 그 수요일 저녁 회의에서 자신의 분노를 터뜨릴 참이었다. 우리는 그때 교육관을 준공하고 봉헌할 준비를 하고 있었지만 존스는 우리를 막기로 작정을 했다. 왜일까? 알고 보면 참으로 단순했다. 그는 지난 40년간 교회의 각종 건축과정에 위원으로 참여해 왔지만 웬일인지 이번 프로젝트에는 제외되었다. 그래서 그는 마음이 상했고 화가 난 것이었다. 그는 자신이 불필요한 존재가 되어 제외되었다는 느낌을 갖고 있었다. 교육관 건물이 올라가는 동안 존스는 속이 끓었고, 특히 건축위원회의 위원장인 딕 리처드에게 화가 나 있었다.

존스는 교육관 건축의 모든 것이 잘못되었으며 건물이 문제가 많아 어린이들에게 안전하지 못하다고 믿고 있었다. 그는 개인적으로 건물을 진단하고 새 교육관의 개관을 막을 생각으로 회의에 나왔던 것이다. 그의 손에는 불만사항들이 적힌 리스트가 있었는데 그것은 건축위원회가 저지른 뻔한 잘못이라고 스스로 생각하는 것들이었다. 그리고 또 다른 리스트는 더 장황한 것이었는데 바로 위원장인 딕 리처드에게 해당되는 잘못되고, 불안전하고, 불법적이라고 주장하는 것들이었다. 그날 밤, 존스는 화가 나서 그것들을 위원회에 내놓았다. 스트레스로 채워진 그 상황은 참으로 무서웠다. 존스가 리처드를 공격하자 리처드도 맞받아쳤다. 고성이 오고가고 사람들은 양편으로 갈라지기 시작했다. 긴장이 심각해져서 그날 밤은 질투, 시샘, 분노, 비열함이 지배하게 되었다.

결국 사회자는 투표를 통해 문제를 풀기로 마음먹었다. 사회자가 "자, 존스 편에 찬성하는 분은 모두 손을 들어주세요." 하고 말하는 바로 그 순간 뒷자리에서 소리가 들렸다. "잠깐! 의장님, 잠시만 기다려주세요! 무슨 표결을 하든, 그 전에 제가 말하고 싶은 것이 있습니다." 하고 말한 사람은 로라 베넷이었다. 눈물을 흘리면서 그녀가 일어나서 말하기 시작했다. 어쩌면 그렇게 놀라운 말을!

"존스 편이니 리처드 편이니, 도대체 우리가 편을 이야기하다니 이게 뭡니까? 이곳은 교회입니다. 무슨 편을 택한다는 것은 말도 안 됩니다. 우리 모두는 한편입니다. 바로 하나님 편이란 말입니다. 우리들은 지금 한 가족, 하나님의 가족으로 여기 와 있는 것입니다. 그런데 도대체 편이라니요? 쓸데없는 말다툼을 들으면서 제 가슴은 찢어질 듯합니다.

물론 하나님의 가슴도 찢어질 거예요."

로라 베넷이 이렇게 말하고 앉자, 이내 방안은 쥐죽은 듯 조용했다. 침묵이 흐르는 가운데 그녀의 말이 옳다는 것을 깨달은 우리 모두는 지금까지 취했던 행동을 부끄러워했다. 그때 존스가 일어나서 힘차게 목청을 가다듬고 부드러운 어조로 입을 열었다. "참으로 부끄럽습니다. 여러분 모두, 특히 리처드에게 사과하고 싶습니다. 도대체 제가 무엇에 홀렸는지 모르겠군요. 아마도 질투가 났던가, 소외당했다고 느꼈나 봅니다. 지금에야 제가 잘못했다는 것을 알았습니다. 정말 죄송합니다."

그런 다음 그는 딕 리처드에게 다가가서 악수를 청하면서 조용히 말했다 : "딕, 저를 용서해주실 수 있겠소?" 리처드는 일어나서 존스의 손을 잡고 이내 눈물이 글썽이는 얼굴에 웃음을 띠면서 뜨겁게 포옹하였다. 모든 위원들이 일어나 박수를 치다가 그들끼리도 서로 포옹하기 시작했다. 나도 바로 그 자리에 서서 성령이 역사하는 모습을 지켜보았다.

'화해하는 모습이야말로 얼마나 아름다운 것인가!' 혼자 생각하다가 어려움에서 벗어났다는 안도의 한숨소리에 묻혀 낮은 소리로 중얼거렸다. "주님께서 분명히 이곳에 계시는데도, 내가 미처 그것을 몰랐구나." 놀랍게도 우리는 스트레스로 가득한 예기치 않은 장소에서 하나님을 만날 수 있다.

2 슬픔이 가득한 예기치 못한 곳에서 하나님을 만날 수 있다.

아름답고, 성스럽고, 사랑스러운 곳이나 행운이 우리와 함께 하는 상황 속에서 하나님을 만나는 것은 쉬워 보이지만 사실 우리가 상처를 입고 아파할 때보다 하나님이 더 가까이 계시지는 않는다.

거듭 거듭 사람들에게서 내가 들어온 말은 이랬다 : "지금 우리는 가장 어려운 일을 겪고 있어요. 우리의 마음은 상했으나 곧 나아질 거예요. **하나님이 전에 없이 우리와 함께 계시니까요.**"

한 꼬마 소년이 비슷한 말을 했다. "왜 모든 비타민은 아이스크림이 아니라 시금치에 들어 있을까?" 그것은 나도 모르겠고, 거기 대해서는 하나님께 물어보아야 할 것이다. 그러나 비타민은 시금치 속에 있지만 하나님은 특별한 슬픔 속에서 우리와 함께 계신다. 왜 그런지 난 알 것 같다. 하나님은 자녀들이 고통 속에 있을 때 각별히 그들 곁에 가까이 있으려 하는 사랑스런 부모와 같은 분이기에 우리는 예기치 못하는 슬픔의 장소에서 그분을 만난다.

몇 달 전, 몹시 아파 입원중인 어린 소녀를 심방한 적이 있다. 며칠째 딸의 침대 곁을 지키고 있는 어머니를 보다 못한 의사가 나를 한편으로 불러서 얼마 동안만이라도 그 젊은 부인을 집에 가도록 권해 줄 수 없느냐면서 이렇게 말했다 : "아이 어머니가 여러 날 동안 잠도 안 자고 식사도 안 하고 있거든요. 이러다간 탈진하고 말 겁니다."

내가 침대 곁으로 가서 환자의 어머니에게, "제가 집에 모셔다 드릴 테니 가셔서 잠시만이라도 좀 쉬도록 하시지요." 하고 말하자 나를 올려다보면서, "목사님, 아픈 딸아이를 혼자 둔 채 자리를 뜨라는 말씀은 아니시지요, 네?" 하고 대답했다.

나도 부모의 처지에서 그를 이해했다. 그래서 "아닙니다. 제가 샌드위치 하나 갖다 드릴게요." 하고 말았다. 하나님은 자녀가 상처를 입었을 때 그들 곁에 꼭 있어주려 하는 부모와 같은 분이다.

3 실망 가득한 예기치 못한 곳에서 하나님을 만날 수 있다.

몇 해 전, 레슬리 웨더헤드(Leslie Weatherhead) 박사가 아이를 입양하려는 부부와 상담한 이야기를 들려주었다. 그 부부는 몇 해 동안 아이를 갖기 위해 애를 썼지만 성공하지 못했다. 그렇게 여러 해가 지난 후 어느 날, 그들 부부는 임신한 것을 알게 되자 기쁨이 가득한 얼굴로 레슬리 박사를 찾아왔다.

몇 달이 지난 뒤 그 남편이 박사에게 전화를 해 왔다. 아기가 탄생하긴 했는데 문제가 생겨 박사가 좀 찾아와 주었으면 하는 것이었다. 병원 엘리베이터에서 내려보니 그 남편이 거기서 기다리고 있었다. 딸을 순산했는데 아기의 오른팔이 기형이라고 했다.

아기 아빠가 말하기를, "제 아내에게 어떻게 말해야 할지 모르겠습니다. 어떻게 말해야 할지 좀 도와주셨으면 하는데요." 결국 두 사람은 어떻게든 말로 하는 대신 직접 아기를 엄마에게 데려 가기로 하였다.

"우리 아기 괜찮죠?" 새내기 엄마가 물었다. 두 사람이 아무 말도 안 하자 그녀가 이불을 젖히고 아기를 안아보다가 팔이 이상한 것을 보았다. 처음에는 얼굴에 고통스럽고 절망적인 모습이 비쳤지만 이내 진정되었다. 새로 태어난 아기를 힘차게 껴안고는 바로 그 작은 팔을 사랑스럽게 어루만지면서 말했다. "우리가 얼마나 이 아기를 원했는지 하나님은 아셨어요. 그뿐 아니라 이 아기가 앞으로 얼마나 우리를 필요로 할지도 틀림없이 아셨을 거예요."

하나님은 교회의 제단에서 만날 수 있고, 성서 안에서도 만날 수 있고, 기도나 예배, 성경공부반에서 그리고 수련회에서도 만날 수 있다. 그러나 예기치 못하던 스트레스, 슬픔 그리고 절망의 곳에서도 만날 수 있다. 하나님께서는 거기에도 계시며, 우리 역시 그것을 알 수 있다. 그리고 그런 장소에서도 우리는 하나님의 능력이 드러남을 말할 수 있다.

 ## 예기치 못한 곳에서 만난 하나님

1. 스트레스로 가득한 예기치 못한 곳에서 하나님을 만날 수 있다.
2. 슬픔이 가득한 예기치 못한 곳에서 하나님을 만날 수 있다.
3. 실망 가득한 예기치 못한 곳에서 하나님을 만날 수 있다.

옮기고 나서

　제목에 호기심이 가서 사 놓은 채 묵혀 두었던 이 책에 손을 댄 것은 3년 전, 스트레스의 누적이 원인이 되어 얻은 뇌질환으로 큰 수술을 받고 회복을 기다리며 쉬던 때였다. 논리적인 탐구 일변도의 자세와 일에 대한 성취 욕구에서 벗어나 '삶을 쉽고 가볍게, 게다가 신앙생활까지도 쉽게(?) 해보라'는 의사의 충고에 따라 '머리 속 비우기'에 골몰하던 그 시절에는 코미디 수준의 가벼운 글밖에 읽을 수 없었는데도 이 책만은 꼭 읽고 싶었다. "스트레스에 시달린 뒤에도 삶이 존재하는가?(Is There Life after Stress?)"라는 물음이 바로 내 문제가 되었던 까닭이었다.
　스트레스라는 말은 1944년 동물실험 결과를 토대로 캐나다의 의학자 젤리에가 발표한 학설을 통해 등장한 말이다. 그에 따르면 스트레스를 불러오는 원인은 우리의 생활환경이나 사회 구조 속에 있는 것이 사실이지만 대부분은 자신의 내면에 있다고 한다. 그러므로 사람들이 돌발적인 사고로 입는 신체 부상을 제외한 수많은 질병의 뒤에는 각종 스트레스가 자리 잡고 있다는 진단이 일반적인 추세다.
　스트레스가 가득한 상황은 나이의 많고 적음이나 경제적 빈곤이나 풍요, 신앙의 있고 없음을 떠나 모두에게 오는 것이다. 그렇기 때문에 이와 관련하여 우리는 이렇게 물을 수 있다. "스트레스는 모두 다 나쁜 것인가?" 사람들은 대부분 이런 질문은 던져보지도 않은 채 스트레스에 대해 부정적인 태도를 가지고 있다. 그러나 어느 정도의 스트레스도 없이 살아가는 길은 없는 듯하다. 우리를 죽을 지경으로 만드는 스트레스는 가정문제, 직장문제, 재정문제, 자녀문제, 학교문제, 심지어 교회문제까지, 우리 삶의 모든 영역에서 볼 수 있는 실체가 아닐까.

이런 사실을 간파한 저자는 스트레스를 떼어놓고 살피는 것이 아니라 한 걸음 더 나아가 스트레스 속으로 들어가서 그것을 품어 안고, 오히려 디딤돌로 삼아 새로운 삶을 살 수 있는 길을 보여준다. 그는 성경에 등장하는 인물들이 겪었던 좌절과 외로움, 두려움과 절망 등을 오늘날 스트레스에 시달리는 사람들의 경험과 나란히 놓고 살피면서 그것이 어떻게 창조적으로 극복되었는지를 보여준다. 스트레스를 피하거나 싸워 이겨야 할 적으로 간주하는 대신 삶의 디딤돌로 삼는 저자의 생각은 시편기자의 고백을 인용하는 데서부터 시작된다.

시편기자는, "나는 악을 만나지 않을 것이다."라고 말하지 않고 "나는 악을 두려워하지 않을 것이다."라고 말했다. 우리도 "고통이 내게 들이닥칠 것인가?"라고 물어서는 안 된다. 고통이 찾아오리라는 것은 이미 알고 있다. 그러므로 질문은 "내가 스트레스와 고통의 골짜기를 지날 때 어떻게 대응하여야 할까?"가 되어야 한다.
스트레스와 맞서는 것만으로는 충분하지 않다. 스트레스를 참고 견디는 것도 충분하지 않다. 기독교적인 방법은 스트레스를 긍정적으로 받아들이고, 그것으로 승리하며, 그것이 우리를 대적하는 것이 아니라 우리를 위해 작용하도록 만드는 것이다.(저자 '서문' 중에서)

즉 스트레스를 크나 큰 인생길의 걸림돌로 여기는 것이 아니라 삶의 새로운 차원으로 도약하는 디딤돌로 삼을 수 있다는 확신이다.

이 책과 씨름하면서 나 자신의 삶이 얼마나 불필요한 투쟁 속에 있었는지를 발견하고 부끄러워 견딜 수가 없었다. 우리가 알지 못하는 사이에 생활공간에 먼지가 쌓이듯 스트레스도 그렇게 감지하지 못하는 사이에 쌓이게 마련이니 그것이 쌓이고 쌓여 치명적인 걸림돌로 우리 앞을 가로막기 전에 친하게 지내고 볼 일 아닌가. 이것이 옮기는 과정에서 얻은 깨달음이다.

이면주

스트레스 뒤에도 삶이 있을까?

초판 1쇄 2006년 2월 6일

제임스 무어 지음
이면주 옮김

발 행 인 | 신경하
편 집 인 | 손삼권
편   집 | 박영신 성민혜

펴 낸 곳 | 도서출판 kmc
등록번호 | 제2-1607호
등록일자 | 1993년 9월 4일

(100-101) 서울특별시 중구 태평로1가 64-8 감리회관 16층
        (재)기독교대한감리회 홍보출판국
대표전화 | 02-399-2008 팩스 | 02-399-4365
홈페이지 | http://www.kmcmall.co.kr
         http://www.kmc.or.kr

디자인·인쇄 | 밀알기획(02-335-6579)

값 9,500원
ISBN 89-8430-296-1 03230